公文写作倾谈

王永鉴 著

上海文化出版社

图书在版编目（CIP）数据

公文写作倾谈 / 王永鉴著 . -- 上海：上海文化出
版社 , 2024.1
ISBN 978-7-5535-2882-3

Ⅰ . ①公… Ⅱ . ①王… Ⅲ . ①公文－写作 Ⅳ .
① H152.3

中国国家版本馆 CIP 数据核字 (2024) 第 005506 号

公文写作倾谈

王永鉴 著

责任编辑：蒋逸征
装帧设计：王怡君

出　　版：上海文化出版社　上海咬文嚼字文化传播有限公司
地　　址：上海市闵行区号景路 159 弄 A 座 2—3 楼
邮　　编：201101
发　　行：上海市闵行区号景路 159 弄 A 座 206 室
印　　刷：上海新艺印刷有限公司
规　　格：890×1240 1/32
印　　张：6.75
版　　次：2024 年 1 月第 1 版　2024 年 1 月第 1 次印刷
书　　号：ISBN 978-7-5535-2882-3/H.071
定　　价：40.00 元

告读者：如发现本书有印刷质量问题请与印刷厂质量科联系
电　　话：021-33854186

目　录

序　言

　　"生也有涯，无涯惟智"，王永鉴老师培训并影响了上海几代公务员。多少人是因为王老师的赤诚文心而醉心于公文写作事业的，多少人是因为王老师的精心教导而成长为部门不可多得的笔杆子的，而又有多少人听过王老师的课后，一生难忘、记忆犹新。

　　王老师匆匆离世，让所有喜爱他的亲人、朋友、同道、学生猝不及防，更是上海乃至全国公文写作事业、公务员培训事业的巨大损失，且这损失难以估量！王老师离去所造成的空白在很长一段时间内将难以填补。2023年4月4日，上海市干部培训中心为王永鉴老师召开了追思会，深切缅怀王老师，感念他二十余年来为上海公务员培训事业、为凝聚公文写作师资力量所作出的非凡贡献。

　　王永鉴老师在公文写作领域是一座高峰，让人仰望；也是一座宝藏，取之不尽。当你觉得学到他的一点"储存"后，他还有更新更好的，让你怎么也学不完，怎么追也难以望其项背。王老师一生践行"五之"法——博学之、审问之、慎思之、明辨之、笃行之，四十余年积淀的学识学养犹如江海般宽广。王老师特别推崇苏东坡的词句："有笔头千字，胸中万卷，致君尧舜，此事何难？"其他老师可能只是教知识，但王老师却以其极高的才华与鲜明的授课风格，点燃了学员心中的火焰，让广大公务员、公文写作者能在年轻时就感知自己的梦想，明晰努力的路径与肩负的使命。

其人如玉，"即之也温，听其言也厉"。王永鉴老师深耕机关，深知机关是一所学校，在机关工作要能文能武、能说能写；公文写作又是一项薪火相传的事业，需要一代代人承继下去。因此，王老师毫无保留，本着"传帮带"精神，从2013年7月起，每月在《上海机关动态》杂志上发表公文写作专业文章，至2019年4月，相继付梓为《公文写作漫谈》《公文写作续谈》。十年来，这两本书与王老师的《公文写作点津（增订版）》接受了市场的严苛检验，深受机关、企事业单位、社会团体公文写作者的追捧与好评，奉为圭臬，是指点公文写作迷津、启迪智慧、激扬奋进力量的上乘之作。我曾俏皮地问王老师："'漫谈''续谈'之后又该叫什么'谈'呢？"王老师笑眯眯地说："你帮着一块想想，叫什么'谈'合适？"谁能料？再想时，这样一位难遇的良师已不在我们身边。

眼前还时常浮现这样的画面，就是学员们在课后依然不舍离去，纷纷围住王永鉴老师不停地提问、求教；而王老师也不顾疲累，细致解答，为年轻人对公文写作表现出的执着与热忱而深感欣慰。"爱与被爱就这样互相应答着"，这生动的课堂图景不知碰触过多少人柔软的内心……二十年前的那个暮春时节，我首次在区政府办公室举办的文秘人员培训班上，听到王老师的课，如痴如醉、深为叹服。王老师腹有万卷诗书，气蕴高华，出口成章，《岳阳楼记》《春江花月夜》《兰亭集序》《致橡树》以及《红楼梦》等中的句子信手拈来。对于我迷惑的"公文""非公文"的概念、写作方法等，王老师条分缕析，讲解得异常清楚明白，让我不再雾里看花，只凭感觉写。后来当我与不少同仁交流时，他们都道出了与我同样的心声。

王永鉴老师常说，成为公文写作高手要有信心，有定力，有毅力。凡是大手笔，必是精细人，公文不出常识性、基础性的差错，这只是底线。从更广的视野、更高的层面来看，公文必须做到主题集中、重点突出，结构紧密、眉目清晰，材料翔实、举措可行，语意周全、表述简洁，用语准确、标点妥帖，能够便于理解办理、执行操作，能够经得起社会的评判和历史的检验。

王永鉴老师十分看重读者，他说，"作者心中有读者"体现的是一种责任担当，一种工作能力，一种自觉意识。读者既是执行者、办理者，也是监督者、评判者，读者的目光就是标尺。我很幸运，在2021年、2022年，能跟随王老师编写《公文写作与处理规范》，作为上海新录用公务员初任培训的教材。王老师是我们公文写作教研组的"定海神针"，既是领路人，又甘为人梯、甘做提携后学的"铺路石"。他教导我说："学员、读者都是有鉴赏力的，绝不可小觑，针对公文写作乱象，这本教材要'以正视听'，要以精品教材的标准来编。"在被王老师"打磨"的过程中，我也更深切地体会到王老师身上，全身心投入的奉献精神，一丝不苟、精益求精的态度与品格。

"汝果欲学诗，工夫在诗外"，王永鉴老师让我们明白，能娴熟而优雅地使用祖国的语言文字标点，是一件多么幸福的事。他教导公文写作者要"文与道俱"，努力提高"语修逻文"方面的造诣，他自己也一刻不放松学习、终身学习，是很好的榜样。他说：要增加信息量，扩大知识面，"会当凌绝顶，一览众山小"；要多读古文，多读散文，多读名文，多读范文，多读论文，多读新闻，"读书破万卷，下笔如有神"；要求知于书本，问计于老师，探索于实践，"何意百炼刚，化为绕指柔"；要通过多读多写，实现量的积累、质的飞跃，做到"握笔从容，挥笔自如，落笔自信，妙笔生花"。

王永鉴老师有那么多闪光的思想、凝练的智慧、实践的真知，如果让其在2019年5月之后的文章散落于《上海机关动态》杂志各期上，不能及时集结成书的话，那么，这些美玉珍珠早晚会遗失于茫茫大地上，湮灭于历史烟尘中，这绝无益于千千万万、求知若渴的公文写作者。且王老师的每篇文章皆为范文，尤其是关于规范化简称、语言逻辑、文法结构、格式规范、结尾语规范、行文程序等方面的正确阐释，更是在其他公文写作书籍中难以寻见。幸得上海咬文嚼字文化传播有限公司慧眼识珠、鼎力相助，才能完成王老师的遗愿，给广大公务员及公文写作者带来最大福祉。

天意从来高难问，我时常想，为什么王永鉴老师笔下的最后篇章会是《由〈文心雕龙〉若干名句得到的启示》？为什么王老师在生命的最后时刻想到的是这部中华文章学元典，想到的是与刘勰这位先贤进行跨越古今时空的对话？一切又在昭示着什么呢？王老师手捧一颗赤诚文心，一生践行、勇毅笃行。他的这颗文心，是锦绣笔下真正的"雕刻龙纹"般的"为文之用心"，是对党和人民的无限忠诚之心，是对事业的极端负责之心，是进取的延续、境界的提升、人生的意义！

千年文心，古今相通；文行山海间，照见天地心。

谨以此书致敬我们永远崇敬的王永鉴老师。

是为序。

瞿熙

2023年5月20日

保持"四心"增强"四力"做好工作

　　学习习近平总书记在2019年春季学期中央党校（国家行政学院）中青年干部培训班开班式上的讲话、在2018年8月召开的全国宣传思想工作会议上的讲话，很受教育。尤其是讲话中，要求广大干部特别是年轻干部"保持对党的忠诚心、对人民的感恩心、对事业的进取心、对法纪的敬畏心，做到信念坚、政治强、本领高、作风硬"，要求宣传思想干部"不断增强脚力、眼力、脑力、笔力，努力打造一支政治过硬、本领高强、求实创新、能打胜仗的宣传思想工作队伍"，很受启发。不禁想到，保持"四心"，增强"四力"，做好工作，从而不负使命，不负重托，也应该是广大机关干部的努力方向。

一

　　保持"四心"，这对自身成长进步十分重要。

　　保持对党的忠诚心，就像习近平总书记所说的那样，"衡量干部是否有理想信念，关键看是否对党忠诚。领导干部要忠诚干净担当，忠诚始终是第一位的"。我们要坚持正确的政治方向，永远跟党走，为共产主义奋斗终身，随时准备为党和人民牺牲一切；认真学习贯彻党的路线方针政策，认真贯彻落实习近平新时代中国特色社会主义思想；在思想上、行动上与以习近平同志为核心的党中央保持高度一致，严守政治纪律，增强党性修养和政治敏锐性；坚持不忘初心、牢记使命，勤奋工作、自觉奉献。2019年5月，笔者与机关几位老同事赴常州参观瞿秋白同志纪念馆，看到冯雪峰同志在《向青年读者介绍"瞿秋白文集"》中的一段话："瞿秋白同志的不朽的革命功绩，主要的是在实际的政治斗争和党的工作方面。……他在光荣的革命家的身份之外，又是一个卓越的革命作家、批评家和文学翻译家。他所以能这样，不仅由于他有文学天才，主要的是由于他的超乎寻常的辛勤的劳动，以及一切都为革命事业、党的事业服务的那种坚毅的战斗精神。"瞿秋白同志是中国共产党早期主要领导人之一，就义前还高唱《国际歌》，牺牲时年仅36岁。他用热血和生命谱写了对党的忠诚，是后人的榜样。

保持对人民的感恩心，就像习近平总书记所说的那样，"面对美好岁月，要有饮水思源、懂得回报的感恩之心，感恩党和国家，感恩社会和人民"。我们要时刻把群众放在心中最高位置，全心全意地为人民服务；与群众同呼吸、共命运，想群众所想、急群众所急，努力为群众排忧解难；虚心向群众学习，做到倾听群众呼声，反映群众意见，汇集群众智慧，重视群众创造。2018年12月，笔者回到母校南京大学，参加中文系1978级入学40周年活动。与昔日老师、同学欢聚，同学们都谈到，是邓小平同志果断作出恢复高考决策，是党和人民关怀培养，我们才能够进入高校深造。毕业后走上工作岗位，我们怀揣着感恩之心，立志报效祖国、服务人民。相信现在的机关工作干部对此也有同感。

保持对事业的进取心，就像习近平总书记所说的那样，"永远把人民对美好生活的向往作为奋斗目标，以永不懈怠的精神状态和一往无前的奋斗姿态，继续朝着实现中华民族伟大复兴的宏伟目标奋勇前进"。当今上海，各行各业都涌现出一批模范人物，他们不断努力，奋发向上，取得了不平凡的业绩。在机关，很多同志勤奋工作，笃志前行，当好领导的参谋助手，成为人民满意的公务员。不少同志在起草、审核文件方面很有造诣，出手快、质量高、反响好，展现的是一种刻苦钻研精神，值得弘扬。我们要不断提高业务本领、办事效率和工作水平；精益求精，保证文件质量水准，发挥文件应有效用；经常进行反思，找出不足并及时加以改进；时时激发内生动力，处处展现昂扬斗志。

保持对法纪的敬畏心，就像习近平总书记所说的那样，"要牢固树立正确权力观，保持高尚精神追求，敬畏人民、敬畏组织、敬畏法纪，做到公正用权、依法用权、为民用权、廉洁用权，永葆共产党人拒腐蚀、永不沾的政治本色"。当下社会，各种正能量不断增多，但也有负因子在潜滋暗长。我们要自觉遵纪守法，珍惜人民信任；头顶明镜高悬，手中戒尺紧握；主动接受监督，处处防微杜渐。与此同时，在文件起草、审核中，要确保文件符合法律法规，不发生与法律法规相抵触的问题，促进依法行政。

二

增强"四力"，这对更好履行职责十分关键。

增强脚力，就是要深入基层、深入一线，开展调查研究，掌握实际情况，了解群众需求。通过调查研究，及时发现问题，深入分析问题，有效解决问题。同时，树立优秀典型，总结推广经验，放大先进效应。虽然现在办公手段已经比较现代化，通信技术比较发达，但不能完全依赖电脑、手机等工具。要呼吸新鲜空气，获取一手资料，把握最新动态，必须经常走出办公室，到实践中去，到群众中去。这样，反映的情况才比较真实，提出的建议才比较可行。这几年，上海年年开展大调研活动，很多同志参与其中，都觉得很有收获，都认为要坚持下去。

增强眼力，就是要打开眼界，拓宽视野，既能观大局大势，又能察细处细节。当前，世界面临百年未有之大变局，不确定、不稳定因素增多，我国改革开放面临着复杂的外部环境，但仍处于并将长期处于重要战略机遇期。上海正在按照中央的要求，坚持新发展理念，坚持稳中求进工作总基调，坚持以供给侧结构性改革为主线，促进高质量发展，扩大高水平开放，创造高品质生活，加快建设具有世界影响力的社会主义现代化国际大都市。只有密切注视形势发展，认真贯彻中央决策部署，所制定的政策、出台的措施才能落地生根。2018年市委、市政府制定出台的全面推进上海"扩大开放100条"，得到国内外好评，受到全市人民拥护，就是一个很好的说明。据有关同志介绍，他们遵循领导思路，贯彻国家新一轮扩大开放重大举措，对标国际最高标准、最好水平，结合上海实际，起草了这份重磅文件。可见，增强眼力有助于圆满完成写作任务。

增强脑力，就是要开动脑筋，勤于思考。过去的一年，上海坚定推进改革开放再出发，在大力推动长三角高质量一体化发展，加快建设"五个中心"，全力打响"四大品牌"，全力优化营商环境，继续加强城市精细化管理、社会治理和生态环境保护，切实加强公共服务，着力改善民生，全面实施乡村振兴战略等方面，取得了很大成绩。但也要认识到，前进的道路上还面临不少困难和挑战。为此，要直面问题，聚焦难点，研究对策，使拟制的文件、议定的事项具有更强的针对性、操作性。

增强笔力，就是要加强学习，注重积累，多写多改，多练多悟，提升文字修养，提高表达能力。每当起草文件，能够迅速形成框架结构，找到相关材料信息，提炼观点思路，组织语言文字，并精打细磨，形成合格作品。每当审核文稿，能够很快发现问题，及时加以纠正。应该讲，对送审文稿进行修改和把关，也是笔力的一个重要方面。要慧眼如炬，"不教胡马度阴山"。这里，不妨举几个例子。

例1．当前"吃卡拿要"现象虽然没有形成气候，但也没有根绝，在个别地方、个别单位仍有存在、不时冒头。

这句中，"没有形成气候"与"没有根绝"不是转折关系，这样写不合理。可以改成：

当前"吃卡拿要"现象虽然受到严厉查处，但并没有根绝，在个别地方、个别单位仍有存在、不时冒头。

例2．团体标准制定程序包括立项、征求意见、技术审查等环节，并应当充分听取利益相关方意见。涉及人身安全、健康、消费者权益等领域的，应当向社会公开征求意见。

这句中，"征求意见"是"团体标准制定程序"中的一个环节，再另外表述"并应当充分听取利益相关方意见……"，将其与三个环节并列，显然不合适。可以改成：

团体标准制定程序包括立项、征求意见、技术审查等环节。在征求意见环节，应当充分听取利益相关方意见；涉及人身安全、健康、消费者权益等领域的，应当向社会公开征求意见。

例3．在全国和××市先进工作者、××市五一劳动奖章、全国和××市卫生健康系统先进个人等各级各类人才选拔和先进评选工作中，向基层全科医生尤其是家庭医生倾斜。

这句中，逻辑顺序有问题。"全国和××市先进工作者、××市五一劳动奖章、全国和××市卫生健康系统先进个人"属于先进，应该是评选；"各级各类人才"才是选拔。可以改成：

在全国和××市先进工作者、××市五一劳动奖章获得者、全国和××市卫生健康系统先进个人评选和各级各类人才选拔中，向基层全科医生尤其是家庭医生倾斜。

(刊于2019年5月《上海机关动态》)

文稿核改九问答（一）

文件包括公文和非公文，在正式印发前，可以称为文稿。对文稿进行核改，十分重要。常言道："好文章是改出来的。"文件也是这样，尽可能经过千锤百炼，方可成为优质作品，从而更好地发挥应有效用。这里，围绕同行关心的文稿核改九个问题，作些回答。

一、公文制作程序共七道，其中有审核和复核两道程序，两者有什么区别？

中共中央办公厅、国务院办公厅印发的《党政机关公文处理工作条例》，明确公文制作七道程序依次为起草、审核、签发、复核、登记、印制、核发。这七道程序，可以有效保障公文质量。其中，审核和复核这两道程序区别在于：

一是审核在领导签发之前，复核在领导签发之后。对领导签发之后再作复核，有的人觉得不合常规，认为公文已经领导签发，那就是"一锤定音"，不能再有其他声音。其实并非如此，复核作为一道程序，确有必要存在。不排除这样的情况：有的公文，可能存在瑕疵，但经过审核和签发，都未被发现并纠正，再作复核，就增加了一次发现并纠正的机会。有的公文，领导在签发时，可能会添加一段话或者划掉一句话，由于领导时间紧、事情多，也许添加的一段话不一定通顺，或者划掉一句话后，造成前后语句不太连贯，这时再作复核，也是一次加以完善的机会。当然，有的公文修改、完善后，还需要再报领导认可。

二是审核可以大改大删，复核一般只能小修小补。因为领导已经签发，所以公文在复核时，原则上不再作大的改动。一般情况下，只能是稍作"拾遗补缺"。

三是审核的重点主要有五项，具体为：（一）行文理由是否充分，行文依据是否准确。（二）内容是否符合党的理论路线方针政策和国家法律法规；是否完整准确体现发文机关意图；是否同现行有关公文相衔接；所提政策措施和办法是否切实可行。（三）涉及有关地区或者部门职权范围内的事项是否经过充分协商并达成一致意见。（四）文种是否正确，格式是否规范；人名、地名、时间、数字、段落顺序、引文等是否准确；文字、数字、计量单位和标点符号等用法是否规范。（五）其他内容是否符合公文起草的有关要求。此外，需要发文机关审议的重要公文文稿，审议前由发文机关办公厅（室）进行初核。复核的重点则是四项，具体为：（一）审批手续。（二）内容。（三）文种。（四）格式。此外，确需作实质性修改的，应当报原签批人复审。

二、文稿核改有哪些要领？

结合实践，可以将文稿核改的要领归纳为"一二三四五"。

"一"，是弘扬一种精神。这个精神，亦即工匠精神。就是说，要全神贯注、精雕细刻，不厌其烦、力求完美。2013年11月，党的十八届三中全会一致通过《中共中央关于全面深化改革若干重大问题的决定》。媒体报道，习近平总书记亲自担任党的十八届三中全会文件起草组组长。对文件起草组上报的每一稿，习近平总书记都逐条、逐句、逐字认真审阅，提出许多重要修改意见，倾注了大量心血。在弘扬工匠精神方面，习近平总书记率先垂范，是我们学习的榜样。对我们来说，工匠精神也是职业道德、职业能力、职业品质的体现。在文稿核改中，要处处体现工匠精神。

"二"，是坚持两个原则。一个原则是尊重原稿本意，即对原稿表达的目的主张、具体举措、关键提法、指标数据尽可能予以保留，一般不予改动。另一个原则是贯彻领导意图，即按照领导的思路和要求进行核改，及时将领导的思想和意图融入到文稿中。

"三"，是采用三种方法。一种方法是增加，即对材料不完整、表述不到位的进行补充。另一种方法是删除，即去掉重复的内容和无关紧要的内容，以及多余的语句、文字、标点。就像鲁迅先生说的那样，"竭力将可有可无的字、句、段删去，毫不可惜"。再一种方法是移动。根据需要，将有关段落、句子、词语调整到合适的位置。

"四"，是实行四个步骤。具体为，推敲标题，理顺结构，充实内容，修饰文字。推敲标题，即看标题是否具备"三要素"（发文单位+事由+文种），文种是否正确，事由是否简洁、准确。理顺结构，即处理好总写与分写、先写与后写的关系，让文稿框架搭建严密、逻辑顺序合理。充实内容，即对理由不充分的、依据不全面的、表达有欠缺的，适当予以补全。修饰文字，即严防错别字，以及漏字、衍字。如，在"促进市、区二级短缺药品监测网络体系建设"中，"二级"应为"两级"。在"要加强政研究，提供制度供给"中，"政"后面漏了"策"字。在"有关单位对就解决当前工程项目建设中的突出问题提出了思路和办法"中，"就"为衍字。

"五"，是把好五道关。分别为，政治大局关、法律政策关、内容表述关、文字标点关、体例格式关。把好政治大局关，是确保文稿讲政治、讲大局，同以习近平同志为核心的党中央保持高度一致，符合中央的大政方针、市委和市政府的决策部署，以及上级的指示要求。把好法律政策关，是确保文稿符合法律法规和政策规定，不违法、不违规，不越权、不越位。把好内容表述关，是确保内容围绕主题而设置，表述围绕观点而展开。同时，内容要真实，表述要得体。把好文字标点关，是确保文字和标点的使用都很规范，不出现舛误。把好体例格式关，是确保公文的版头（文头）、主体（文中）、版记（文尾）的要素齐全、书写正确。如，在版头（文头），上行文要注明签发人。在主体（文中），主送单位要顶格；成文日期要用阿拉伯数字；附件说明在落款之上、正文之下，下空一行、左空两字；附注在成文日期之下，左空两字并用括号。在版记（文尾），取消"抄报"，一律"抄送"。

三、如果文件已经领导同意，或者已经会议讨论通过，是否还需要进行核改？

这要视具体情况而定。一般来说，文件已经领导同意，或者已经会议讨论通过，接下来，还是要走程序。就是说，要再作审核、签发、复核。通常，领导同意或者会议讨论通过的，只是批准文件可以发出，只是表明对文件大的方面、主要方面没有意见，可能文件还需作进一步打磨，使其臻于完善。即使是急件，也不能忽略程序，匆忙印发。实际工作中，有的文件发生差错，往往是程序出错，导致文件质量失去了保障。现在，有的人认为，文件已经领导同意或者会议讨论通过，就应该照原稿印发，不能再有改动。这与前面提及的有的人想法差不多，应该说，其出发点是好的，但还要增强程序和规则意识。对已经领导同意或者会议讨论通过的文件，如果有的提法还需作进一步斟酌，有的文字、标点还需作进一步推敲，领导都是予以支持的。有的时候，领导也会提出明确要求，为经办人员"撑腰"。

四、如何使核改既让起草者满意，又让签发者放心？

核改是个技术活，不仅强调功底扎实，练好"十八般武艺"，也强调方法灵活，处理好各方关系。为此，作为核改者，要具有很高的站位、宽广的视野，丰富的知识、专业的技能，良好的素养、灵敏的反应。要能够紧跟时代步伐，瞄准发展前沿；把握大局大势，贴近领导思路；熟悉法律法规，通晓政策业务；掌握有关情况，了解基层动态。要善于观察社会生活，开展调查研究，总结先进经验，深入思考问题，找准矛盾症结，形成应对见解。要增强谋篇布局本领，提高语言驾驭能力，养成咬文嚼字习惯。特别是对文稿中比较隐蔽的、深层次的、不易发现的问题，要能及时找出，准确修改。宋朝思想家张载曾指出："于不疑处有疑，方是进矣。"意思是，在表面看来没有疑问破绽的地方看出问题，这才是长进。如有一公文代拟稿中有一句："单位生活垃圾处理费具体收费标准及有关事项，由市有关部门另行制定，报市政府批准后执行。"前面已经提及"生活垃圾处理费"，后面再讲"具体收费标准"，两个"费"有重复，或者将第一个"费"删去，或者将第二个"费"改成"取"。收费标准可以制定，有关事项如何制定？制定"有关事项"属于搭配不当。"另行制定"中的"制定"，说明已经确定，再作报批就讲不通，"制定"应该是"制订"。此句后来修改为："单位生活垃圾处理费具体收取标准，由市有关部门另行制订，报市政府批准后执行。"

　　同时，作为核改者，在操作中，也要抱着虚心好学的态度和认真细致的态度。接到文稿时，先仔仔细细通读一遍，了解整个文稿的内容、意思；对关键的地方，多读几遍，作进一步的理解。文稿中的情况和信息，要注意吸收；写得好的地方和成功之处，要注意学习。然后，从立意、主题，框架、结构，观点、材料，语言、文字，乃至标点等方面，进行斟酌考量，发现问题，逐一纠正过来。当然，核改时，也不一定是"孤军奋战"，遇到不清楚、不明白的地方，可以通过通信联络或者当面交流等方式，与起草者、来文单位沟通、商量；对一些政策性强、举措力度大的文稿，必要时，也可以报请领导安排集体研究、修改。还有，每次核改完毕，要尽可能取得起草者、来文单位的书面或者口头确认，以增加"保险系数"。

　　经过上述努力，相信核改出的文稿会使起草者满意、签发者放心。

（刊于2019年6月《上海机关动态》）

文稿核改九问答（二）

五、文稿拟就后，作为起草者，有时候感到很自信，觉得比较完满，不需要再作修改；也有时候感到有欠缺，遂再作修改，但改来改去又觉得不满意，文稿还是老样子，这怎么办？

这两种情况，应该说时有发生。

第一种情况，对自己起草的文稿有自信心，这是好的，说明自己有能力履行职责，有把握完成任务。不过，还是要养成一种习惯，只要时间允许，就要对文稿多作打磨，仔细推敲，使其臻于完善。我国语法学家吕叔湘说过："古今中外有不少作家曾经修改他们的作品三遍五遍乃至十几遍才定稿。在文学史上传为佳话，我们应该向他们学习。"起草各类文稿，也要像创作文学作品一样，精雕细刻，严肃认真。毕竟，文章不厌百回改。修改的过程，就是深入思考的过程；修改的过程，就是查遗补漏的过程；修改的过程，就是充实提高的过程。相信通过修改，可以使文稿质量得到提升。我们要习以为常，乐而为之。

第二种情况，感到自己起草的文稿有欠缺，但又觉得一下子改不出什么名堂，这种苦恼其实也很正常。不由得想到鲁迅先生关于修改文章的三句话，对我们有启发。

　　鲁迅先生的一句话是："我做完之后，总要读两遍，自己觉得拗口的，就增删几个字，一定要把它读得顺口。"音乐讲求乐感，文章讲求语感。语感很重要的一点，就是通顺。如果读起来别扭、拗口，那是不行的。文稿起草后，要像鲁迅先生那样，多读几遍，感到不流畅，就要进行修改，改到流畅为止。是有这种情形，一篇文稿左看右看，看不出什么毛病，一读起来，就会发现有瑕疵。这也说明，多读几遍十分必要。

　　如一文稿中有句："会议听取了市教育部门关于市属公办高校有关基建项目推进工作的汇报、参会各部门做了补充汇报。"这句看起来好像说得通，但是一读起来就别扭了。主语应该是一个，就是"会议"，谓语是"听取"，宾语应该是两个，就是"市教育部门……的汇报"和"参会各部门……补充汇报"。但字面上的表述，就有点混乱，出现了两个主语，一个是"会议"，一个是"参会各部门"，读起来不舒服。后来，这句修改为："会议听取了市教育部门关于市属公办高校有关基建项目推进工作的汇报和参会各部门的补充汇报。"

　　鲁迅先生的另一句话是："等到成后，搁它几天，然后再来复看，删去若干，改换几字。"是这样，文稿拟就，有时候一下子看不出存在什么不足，如果时间允许，倒不妨先搁置一边，一面做其他事情，一面作些思考，过些时候再查看，说不定就能看出问题来。可能很多同志有这样的经历，一篇文稿今天写完，感觉不错，但经过"冷却"，第二天、第三天再来看，会觉得不满意，还有需要修改的地方。

如一文稿中有句："根据跨国公司和地区总部、总部型机构区域要求，鼓励优质外籍人员子女学校进行布点和扩大。"当时看起来没有什么，过些时候再看就发觉，鼓励学校"进行布点"可以，"进行扩大"有点勉强，不知扩大什么。后来，该句修改为："根据跨国公司和地区总部、总部型机构区域要求，鼓励优质外籍人员子女学校进行布点和扩大规模。"

鲁迅先生的又一句话是："写完后至少看两遍，竭力将可有可无的字、句、段删去，毫不可惜。"这方面，起草者一定不能有自我满足的思想，对文稿要精益求精，讲求更高标准。要勇于"刀刃向内"，该砍则砍，该删则删，去掉水分，削掉冗赘，使文稿更显精练、简洁，岂非一大快事。

如一文稿中有句："工作中如果出现确实难以解决的问题，要及时关注、收集、汇总、整理，并上报给上级，提请上级加以重视、研究、处理、解决，以避免影响社会稳定大局和破坏市场预期。"仔细琢磨，就会发觉该句很啰唆。既然已经出现"确实难以解决的问题"，就应该及时报请上级研究处理，当中不需要再交代"关注、收集、汇总、整理"的过程；要上级"研究、处理"就行了，"重视""解决"显得多余。还有，市场预期是指对经济变量在未来的变动方向和变动幅度的一种事前估计。在此语境中，避免"影响社会稳定大局"是对的，避免"破坏市场预期"令人费解。后来，该句修改为："工作中如果出现确实难以解决的问题，要及时报请上级研究、处理，以避免影响社会稳定大局。"

六、在审核环节，对报来文稿进行核改时，从大处来说，应该放在哪几个方面？

核改文稿，往往强调"大处着眼，小处着手"。所谓"大处"，不外乎三个方面：一是开头部分，看是否背景交代清楚、表述简明扼要；二是框架思路，看是否紧密清晰；三是逻辑顺序，看是否合理得当。这三个方面抓住了，就好像抓住了"牛鼻子"，对确保全文质量有着重要作用。

如有一《关于加快推进郊区集约化供水的实施意见》代拟稿，前半部分如下：

根据市委、市政府关于保障本市饮用水安全、改善引用水水质的指示精神以及《全国城市饮用水安全保障规划》、国家《生活饮用水卫生标准》（GB5749-2006）和《上海市饮用水水源保护条例》的要求，为加快推进本市城乡供水一体化，实现供水公共服务均衡化目标，现提出如下实施意见：

一、强化本市郊区集约化供水目标责任

（一）充分认识加快推进郊区集约化供水的重要意义。本市郊区尚有76座中小水厂采用内河或深井取水，普遍存在水源安全保障度低、易受突发性有毒有害污染物侵袭、原水水质未能符合生活饮用水水源水质标准、供水水质不达标、管网老化损漏严重、开采地下水影响地面沉降等问题，直接影响人民群众饮水安全和生活质量。

加快推进本市郊区集约化供水，是建设新农村，改善民生，实现城乡一体化统筹发展的需要，是控制风险，确保城乡居民饮用水安全的需要，是提高郊区供水水质，限期达到国家强制性标准的需要，是保障供应，服务发展，构建与经济社会发展水平相适应的供水基础设施体系的需要。各区县政府、各部门必须高度重视，切实提高思想认识，确保完成郊区集约化供水的各项目标任务。

（二）指导思想。以供水专业规划为依据，以城乡统筹、确保安全、提高水质、保障供应为总体目标，……使本市郊区公共供水基本达到全国先进水平，服务城乡经济社会全面、协调、可持续发展。

（三）总体目标。2012年7月1日前，郊区基本完成……集约化供水；2015年底前，……全市基本实现城乡供水公共服务均衡化。

水质：……

水源：……

水厂：……

（四）建立郊区集约化供水责任机制。供水是关系民生的公益性基础性行业。各区县政府是推进集约化供水的责任主体，全面负责本地区集约化供水基础设施的投资、建设和管理。……

该代拟稿中，在"一、强化本市郊区集约化供水目标责任"

下面，有四点：（一）充分认识加快推进郊区集约化供水的重要意义。（二）指导思想。（三）总体目标。（四）建立郊区集约化供水责任机制。但将"（一）充分认识加快推进郊区集约化供水的重要意义"，放在"一、强化本市郊区集约化供水目标责任"的下面，很不合适。它讲的都是背景情况，应该放在开头，与原来的开头进行整合，成为新的开头。这样，原来的（二）（三）（四）依次递升为（一）（二）（三）。还有，原"（四）建立郊区集约化供水责任机制"与原"（二）指导思想""（三）总体目标"也不匹配。此文通篇讲的是"郊区集约化供水"，故原（四）中"建立郊区集约化供水"这几个字应该删去。此外，原（四）中一句"供水是关系民生的公益性基础性行业"是在说道理，也不需要。

上述代拟稿，修改后的前半部分如下：

加快推进本市郊区集约化供水，是建设社会主义新农村，确保城乡居民饮用水安全、实现城乡一体化统筹发展的需要。本市郊区尚有76座中小水厂采用内河或深井取水，普遍存在水源安全保障度低、易受突发性有毒有害污染物侵袭、原水水质未能符合生活饮用水水源水质标准、供水水质不达标、管网老化损漏严重、开采地下水影响地面沉降等问题，直接影响人民群众饮水安全和生活质量。对此，必须高度重视，认真加以解决。

根据市委、市政府的要求和《全国城市饮用水安全保障规划》、国家《生活饮用水卫生标准》（GB5749-2006）、《上海市饮用水水源保护条例》的有关规定，现就加快推进郊区集约化供水提出如下实施意见：

一、强化本市郊区集约化供水目标责任

（一）指导思想。以供水专业规划为依据，以城乡统筹、确保安全、提高水质、保障供应为总体目标，……使本市郊区公共供水基本达到全国先进水平，服务城乡经济社会全面、协调、可持续发展。

（二）总体目标。2012年7月1日前，郊区基本完成……集约化供水；2015年底前，……全市基本实现城乡供水公共服务均衡化。

水质：……

水源：……

水厂：……

（三）责任机制。有关区县政府是推进集约化供水的责任主体，负责本地区集约化供水基础设施的投资、建设和管理。……

（刊于2019年7月《上海机关动态》）

文稿核改九问答（三）

七、公文文稿如果出现文学化语言，要不要修改，怎么改？

公文（包括请示、报告等15种）的语言特点应该是平实、通俗、简洁、准确，运用的是逻辑思维。而文学化语言往往具有形象性、情感性、描绘性，运用的是形象思维。公文要尽可能不出现文学化语言，这样才能体现出文风的质朴、体例的规范、表述的得体。如果公文文稿出现文学化语言，那最好在尊重原意的前提下加以修改。这里，列举公文文稿核改中的三个例句。

例1．一家医院附近，曾是周边居民意见最大的地段，路面杂乱、油烟呛人、噪声扰人，社会治安案件频发，群众揪心。面对难题顽症，由街道牵头，会同城管、市场监管等部门加强对市民的政策宣传，进而凝聚共识，推进地块整治和再利用。通过整体设计、精准发力、综合整治，实现了从满街"油烟味"到满眼"小清新"的华丽转身。

核改时，将"实现了从满街'油烟味'到满眼'小清新'的华丽转身"改为"实现了从满街'油烟味'到满眼'小清新'的转变"。

例2．推进居民自治、实施多元共治。城市管理工作需要

"大合唱"而不是"独奏曲"。

核改时，将"城市管理工作需要'大合唱'而不是'独奏曲'"改为"城市管理工作需要广大市民积极参与，而不是仅靠一个部门、一个单位来承担"。

例3．某街道"创智农园"，由大学教授牵头规划设计，通过各种方式，邀请社区居民参与，得到社区居民拍手叫好。

核改时，将"得到社区居民拍手叫好"改为"得到社区居民称赞"。

八、在文稿核改中，如何防范错别字？

文稿中出现错别字，这是一大硬伤。一份正式发出的文件，如果出现一字之差，造成一词、一句之误，往往破坏用字、用词、用语的规范，也容易产生阅读理解的困难和执行实施的偏差，以致影响发文单位的形象。对此，一定要格外引起注意。

2019年8月14日至20日，一年一度的以"我爱读书、我爱生活"为主题的上海书展成功举办，展出的图书品种繁多，举办的阅读、研讨、论坛、讲座等活动丰富多彩。在上海文化出版社展区，上海咬文嚼字文化传播有限公司有块展板，每天吸引着众多读者驻足。展板上面写着：

挑战你的"字"慧——很少有人能在一分钟内把下面表格中的别字都指出来，不服来战！

亦或　制肘　藉助　麦杆

希翼　安祥　爆发户

捅篓子　殊不知　头带草帽

千千阙歌　籍籍无名

血脉偾张　皇天厚土

不知所踪　商业巨擎

拔冗出席　用户粘性

碳烧月饼　风起于青萍之末

一年之际在于春

这块展板中，除了"殊不知""血脉偾张"之外，其他都有别字。笔者自然想到平时审核的一些文稿，这类别字也时有出现。不妨对上述有别字的词、短语和句子作个简要分析，以吸取教训，避免再错。

"亦或"，应为"抑或"。"抑"有选择、或者之义，"抑或"是同义复词。

"制肘"，应为"掣肘"。"掣肘"原义是指拉住胳膊，比喻有人从旁牵制，进行干扰。没有"制肘"这种写法。

"藉助"，应为"借助"。表示凭借、假托的"藉"现已简化为"借"。

"麦杆"，应为"麦秆"。"秆"是指谷类植物的茎。

"希翼"，应为"希冀"。这里，"希"是希望，"冀"也是希望，"希冀"是同义复词。

"安祥"，应为"安详"。这里，"详"是从容、稳重之义。没有"安祥"这种写法。

"爆发户"，应为"暴发户"。"暴发"，是指突然发作，"暴发户"是指突然发财得势的人家。"爆发"，既指火山喷发，也指事件、事变突然发生。没有"爆发户"这种说法。

"捅篓子"，应为"捅娄子"。"娄"，本义是空，"捅娄子"即捅出漏洞，用来形容引起乱子、纠纷等。"篓子"是一种用竹片、荆条等编成的盛物器具，没有"捅篓子"的说法。

"头带草帽"，应为"头戴草帽"。"带"有携带之义，而"戴"有加在头上或者用头顶着之义。

"千千阙歌"，应为"千千阕歌"。歌曲或者词一首称为"阕"。而"阙"是指古代皇宫大门前两边供瞭望的楼。

"籍籍无名"，应为"寂寂无名"。"寂"是寂静、寂寞之义，"寂寂无名"是形容不为人知。而"籍籍"可形容名声很大，故"籍籍"与"无名"难以组合。

"皇天厚土"，应为"皇天后土"。"皇天"，古代是指天或者天帝；"后土"，古代是指地或者土神。"皇天后土"为固定用法。

"不知所踪"，应为"不知所终"。这里，"终"是指结局和下落。"不知所终"是固定用法。

"商业巨擎"，应为"商业巨擘"。"擘"是指大拇指，"巨擘"比喻杰出和优秀。"擎"是往上托、举的意思，没有"巨擎"这个词。

"用户粘性"，应为"用户黏性"，它是指用户对于品牌或产品的忠诚、信任度。"黏"是形容词，表示糨糊、胶水等具有的使物相连的性质；"粘"是动词，指依靠黏性把东西相互贴合。两者应区分。

"拔冗出席"，应为"拨冗出席"。"拔"是指往外拉，"拨"是拨开、推开之义。"拨冗"是客气话，指推开繁忙的事务。

"碳烧月饼"，应为"炭烧月饼"。"炭"与煤炭或者木炭相关，"碳"一般与化学元素相关。"炭烧"是固定用法。

"风起于青萍之末"，应为"风起于青蘋之末"，出自宋玉《风赋》："夫风生于地，起于青蘋之末。""青蘋"是一种长在浅水中的草本植物，其根状茎匍匐泥中。"青萍"即浮萍，是一种漂在水面上的草本植物。"青蘋之末"比喻事物的发端，这也是固定用法。

"一年之际在于春"，应为"一年之计在于春"。这里的"计"，是安排、打算之义。

归纳起来，上述有别字的词、短语和句子，主要有三种情况。一是因字形相近而误，如"商业巨擘"误为"商业巨擎"、"拨冗出席"误为"拔冗出席"。二是因读音相近而误，如"皇天后土"误为"皇天厚土"、"不知所终"误为"不知所踪"。三是因字义混淆而误，如"风起于青蘋之末"误为"风起于青萍之末"。

在文稿核改时，我们要关注以上三种情况，做到心无旁骛、目不转睛，一旦发现错别字能及时纠正，防止"漏网之鱼"。

九、如何下功夫，使文稿核改达到一定火候，进而提升文稿整体水平？

文学评论家何其芳在《谈修改文章》一文中，有三段话使人印象深刻：

"修改是写作的一个重要部分。古今中外，凡是文章写得好的人，大概都在修改上用过功夫。"

"文章也是一种重要的革命工具，发表出来是要对群众负责的。因此，从写作以前到写完以后，从内容到形式，凡属可能做到的反复研究，充分修改，都大有必要。"

"怎样才算修改的功夫够了呢？改的遍数多还并不就等于改得够。衡量够不够的标准我想主要有两个：一个是内容正确，一个是读者容易接受。"

这三段话，也同样适用于机关文稿的修改。这就是说：要充分认识到文稿修改的重要性和必要性，以对党、对人民高度负责的态度，认真核改文稿，严格进行把关，确保"内容正确""读者容易接受"；要明确文稿标准，掌握增删规律，运用合适方法，提高文稿质量、办事效率。

为了实现这样的目标，一方面，要用心思考，甚至绞尽脑汁。林语堂先生说过，"一个人彻悟的程度，恰等于他所受痛苦的程度"。另一方面，要精心打磨，乐于沉迷其中。宋代诗人吕本中说过，"文字频改，功夫自出"。

2010年上海发生"11·15"特大火灾事故后，有关部门按照市委、市政府的部署，在深入基层调查研究、广泛听取群众意见的基础上，制订了《关于进一步加强城市运行安全和生产安全的工作意见》，上报市委、市政府批转执行，并附上批转性通知代拟稿如下：

去年本市发生"11·15"火灾事故，给人民群众的生命和财产造成了严重伤害和巨大损失。本市积极配合国务院调查组开展事故调查、认真做好各项善后工作，同时组织各相关部门深入调研，深刻总结事故教训、举一反三、引以为戒，并通过"我为城市安全献一计"活动，广泛征求市民意见建议，形成了《关于进一步加强城市运行安全和生产安全的工作意见》。经市委、市政府同意，现印发给你们，请认真按照执行。

按照惯例，批转性通知一般由两个部分组成，一个部分是批转意见，另一个部分是执行要求。上述批转性通知代拟稿存在一些不足。一是层次不清，把两个部分并在一起写，且逻辑顺序不合理。二是意见制订过程叙述过多，显得累赘。三是意见执行要求几乎未提，重要内容缺失。针对这些不足，在审核和签发环节，对此批转性通知代拟稿做了较大幅度的修改。2011年8月，市委、市政府正式印发《关于进一步加强城市运行安全和生产安全工作的意见》并下发通知，通知全文如下：

市委、市政府同意《关于进一步加强城市运行安全和生产安全工作的意见》，现印发给你们，请认真按照执行。

各区县、各部门、各单位要深刻吸取"11·15"特大火灾事故的教训，按照党中央、国务院要求和市委、市政府部署，高度重视、切实做好城市运行安全和生产安全工作。要坚持"以人为本、安全为先、管理为重"的方针，进一步落实各项措施，加强制度建设，严格日常管理，强化监督检查，克服薄弱环节，消除安全隐患，形成长效机制，确保城市运行安全和生产安全，为上海实现创新驱动、转型发展和建设和谐社会营造良好环境。

上述通知，解决了原来存在的不足，思路清晰、详略得当、要求实在、导向明确，各方反响很好。

（刊于2019年8月《上海机关动态》）

善于学习，就是善于进步

习近平总书记一直十分重视党员、干部的学习，在全党大兴学习之风，推进干部队伍建设，继2015年为第四批全国干部学习培训教材作序后，2019年又为第五批全国干部学习培训教材作序，序的第一句"善于学习，就是善于进步"，开宗明义，言简意赅。习近平总书记还多次强调，"事业发展没有止境，学习就没有止境"，要"坚持学习、学习、再学习"。

记得2014年10月15日，习近平总书记在北京主持召开文艺工作座谈会并作重要讲话时讲了一个故事。当年，他在陕北农村插队，听说一个知青有德国作家歌德的《浮士德》这本书，于是就走了30里路去借，一去一返就是60里。后来，这个知青走了30里路来取这本书，一来一回也是60里。在那个年代，两位年轻人为了一本书，共走了120里路。如今看来，令人难以想象，更令人感动不已。这就是一种精神，一种意志。

作为机关工作人员，我们要深刻领会习近平总书记的教诲，以习近平总书记为榜样，努力做到善于学习、善于进步，"跟上党中央要求、跟上时代前进步伐、跟上事业发展需要"。

一

在善于学习方面，有三点思考。

一是学习要明确方向。习近平总书记指出：要"从马克思主义科学真理中获得认识世界和改造世界的锐利武器，从前人留下的思想宝库中汲取治国理政的珍贵滋养，从人类创造的最新文明成果中寻找登高望远的思想阶梯"。我们要认真学习马克思列宁主义，学习毛泽东思想、邓小平理论、"三个代表"重要思想、科学发展观，学习习近平新时代中国特色社会主义思想，坚持理论联系实际，在学以致用上下功夫。特别是习近平新时代中国特色社会主义思想，涵盖新时代坚持和发展中国特色社会主义的总目标、总任务、总体布局、战略布局和发展方向、发展方式、发展动力、战略步骤、外部条件、政治保证等基本问题，内涵十分丰富。中共中央宣传部编写的《习近平新时代中国特色社会主义思想学习纲要》，对习近平新时代中国特色社会主义思想做了全面系统阐述，是我们深入学习领会习近平新时代中国特色社会主义思想的重要辅导读物，我们要仔细阅读，深入思考，很好把握。要自觉用习近平新时代中国特色社会主义思想武装头脑，指导实践，做好工作，实现学思用贯通、知信行统一。同时，我们还要学习法律法规、大政方针，学习市场经济、经济金融、对外贸易、行政管理、社会治理、生态文明、科学技术、文化建设、民生保障、国防外交等领域的知识。要结合实际学，带着问题学，拓宽眼界视野，增强履职本领，胜任本职岗位。有一种说法，起草文件也要多读"鲁郭茅、巴老曹"等名人名著。这很有见地。曹是曹禺，其所著剧本《雷雨》用四幕场景，在不到二十四小时的时间里展现了两家人、八个人、三十年的恩怨，情节紧凑，语言精练，反映出作者的老道笔调和深厚功力。文件如何做到结构严谨、表述简洁，从《雷雨》中，我们可以得到启发和帮助。

二是学习要保持毅力。习近平总书记引用过一个"蓄电池理论"：人的一生只充一次电的时代已经过去，只有成为一块高效蓄电池，不间断地充电，才能不间断地释放能量。学习也如逆水行舟，不进则退。要持之以恒，毫不松懈，不断补充营养，不断扩大内存。我们要视学习为一种追求，一种爱好，把阅读文件、阅读报刊、阅读书籍当作一项工作内容、一种生活方式。有一句话说得好："与书相伴的每一分钟，都是对人生最好的奖赏。"

三是学习要讲求方法。宋代理学家朱熹曾归纳出六条读书方法，即循序渐进，熟读精思，虚心涵泳，切己体察，着紧用力，居敬持志。其中，"熟读精思"影响最为广泛。熟读，就是要立足一定的遍数，有的甚至要反复读，以加深印象。量的蕴蓄，就会产生质的飞跃。精思，就是要积极开动脑筋，深入进行思考，促进融会贯通，促使智慧闪烁。此外，多做笔记、注重积累也很重要。据报载，教育家蔡元培在《我的读书经验》一文中提及，多次见到胡适有这样一个习惯，出门带一两本书，在车上或忙里偷闲时翻阅，见到有用的材料就折角或以铅笔作记号。询问得知胡适回家后立即查阅相关资料或者进行摘抄。可以说，胡适在文史哲等领域颇有学术建树，与这样的积累不无关系。我们在日常工作中，对上级文件和领导讲话精神，对重要观点和新的提法，对主流媒体文章的内容要点，对书本中的经典语句，对群众中的生动语言，都不妨做些摘录。不但用笔记，而且用脑记，还用电脑打包记。这样，起草、核改文件文稿时就方便得多，随时可以根据需要，信手拈来，融入文中，使文件文稿有新鲜感、丰厚度。

二

在善于进步方面，有三点想法。

一是通过学习，提升思想境界。深入学习党的十九大精神，深入学习习近平新时代中国特色社会主义思想，我们可以深刻认识到，当代中国正在经历着我国历史上最为广泛而深刻的社会变革，也正在进行着人类历史上最为宏大而独特的实践创新。当今世界正经历百年未有之大变局，世界多极化、经济全球化、社会信息化、文化多样化深入发展，世界面临的不稳定性不确定性比较突出。在这样大发展、大变革、大调整的背景下，以习近平同志为核心的党中央以巨大的政治勇气和强烈的责任担当，带领全党全国人民锐意进取、开拓创新，取得了举世瞩目的伟大成就。我国正在前所未有地走近世界舞台的中心，前所未有地接近实现中华民族伟大复兴的目标。看今朝，心潮翻滚；望未来，豪情满怀。中国特色社会主义进入新时代，为我们的成长进步提供了广阔的空间，为我们的人生出彩提供了很好的舞台。我们要不断增强"四个意识"、坚持"四个自信"、做到"两个维护"，坚定不移地跟党走，不忘初心、牢记使命，起草好每一份文件，办理好每一件事项，完成好每一项任务，当好领导的参谋助手，更好地服务人民群众，无愧这个伟大时代。

二是通过学习，提升工作能力。在党中央、国务院的坚强领导和亲切关怀下，上海正在深入贯彻落实党的十九大精神和习近平新时代中国特色社会主义思想，按照习近平总书记考察上海重要讲话精神，坚持稳中求进工作总基调，坚持新发展理念，继续推进改革开放，全面实施"三大任务、一大平台"，全力打响"四大品牌"，加快建设"五个中心"和具有世界影响力的社会主义现代化国际大都市。形势发展，要求我们进一步提升工作能力。这就是说：要能准确把握新形势、新任务，进行前瞻研判，为领导出谋划策；要能统筹兼顾、合理安排，精心办文办会办事，确保急事急办、特事特办、新事新办、快事快办；要能深入基层一线，开展调查研究，善于总结经验，及时发现问题，提出有益建议；要能识大局、顾大体、察民情，协调处理遇到的矛盾和问题。这些能力的提升，都离不开学习。在学习上，我们要做有心人、实践者，把学到的东西应用到工作中，应用到写作中，多出一流文件，多出一流成果。

　　三是通过学习，提升文字水平。文字水平也反映出一个人的综合素质。在机关工作，更要注重文字水平的提升，使发出的文件、召开的会议、报送的信息、部署的工作、反馈的事项、交流的情况都准确无误，有效管用。对此，我们责任在肩、责无旁贷。提升文字水平，必须加强学习，掌握各方面知识，掌握写作要领，夯实基础。具体写作时，有五点是关键。第一是立意，立意是文章的高度。作者要具有全球视野，战略眼光，大局意识，法治思维。第二是主题，主题是文章的灵魂。要直奔主题，围绕主题，烘托主题。第三是结构，结构是文章的骨架。结构包括开头、结尾，层次、段落，过渡、照应。第四是材料，材料是文章的血肉。要收集材料，筛选材料，提炼材料。第五是语言，语言是文章的细胞。公文的语言力求简洁、准确、得体、庄重、规范。这五点也是我们的关注点、着力点。提升文字水平，还需要增强悟性，能为读者着想，注意查纠不足，让文件通俗易懂，便于执行操作。如有一公文代拟稿中有一句："已列入市、区政府确定的花园住宅、优秀历史建筑等具有保留保护价值的老建筑范围的共有住房承租人，需要差价换房的，鼓励市、区政府指定的企业按照有偿退租或者差价换房的方式取得承租权。"这句表达有点复杂，且有的指代不明。后来修改为："对已列入市、区政府确定的花园住宅、优秀历史建筑等具有保留保护价值的共有住房承租人需要差价换房的，鼓励市、区政府指定的企业按照有偿退租或者差价换房的方式取得承租权。"

"善于学习，就是善于进步。"这激励着我们在新时代、新征程砥砺前行、奋发有为。

(刊于2019年10月《上海机关动态》)

作者心中有读者

　　语言学家吕叔湘、朱德熙在《语法修辞讲话》中指出："作为人们交际的工具，写文章就要处处为读者打算，也就必须注意三件事情。第一要明确，为的是要读者正确地了解你的意思。其次要简洁，为的是要读者费最少的时间和脑力就懂你的意思。又其次要生动，为的是要在读者脑子里留下一个鲜明而深刻的印象。"文学家、历史学家郭沫若在《关于文风问题答〈新观察〉记者问》中也说过："现在大家都很忙，短文章是最适时的。把要说的事情简单、明了、准确地说出来，让读的人不要花很多时间就有所得，这是最好的。"机关文件包括公文和非公文，其一大特点是具有很强的实用性，为传达贯彻上级部署、落实工作措施、反映各种情况、交流经验信息、办理各项事务、进行公务活动等服务。因此，在起草、审核文件时，同样要处处为读者打算，做到"作者心中有读者"，使文件发挥应有作用，达到拟制目的。

　　"作者心中有读者"，体现的是一种责任担当。我们在机关，主要角色是领导的参谋、助手，而挥笔击键、拟制文件，乃家常便饭。就像古人说的，"驰翰未暇食""沉迷簿领间"。这方面，我们肩负着重任。要对上级、下级负责，对领导、群众负责，确保起草、审核的文件文稿，符合大政方针、领导意图，符合群众意愿、实际情况，具有较高的质量水准。这就要求我们在实际操作中，考虑读者需求，自觉对标对表，拿出优质作品，很好履行职责。

"作者心中有读者"，体现的是一种工作能力。这里所称工作能力，侧重指文字能力。要能够熟练起草、核改文件文稿。就是说，在起草上，能够注重框架立意和谋篇布局，综合运用材料，突出主题和观点，灵活驾驭语言，力求内容丰富、表述简洁明了、遣词造句精准；在核改上，能够及时查漏补缺、勘误纠错，进一步规范文风文笔和体例格式。这样，所制发的文件就可以让读者看得清、看得懂，有利于知晓理解，有利于执行办理。我们要绵绵用力、久久为功。

"作者心中有读者"，体现的是一种自觉意识。文件的读者，包括机关、企事业单位和社会团体，也包括广大群众。读者既是执行者、办理者，也是监督者、评判者。随着形势的发展、社会的进步，读者的质量意识和文化素养不断提高，评论文件的渠道和空间也越来越丰富。文件稍有差池，就会引起舆论关注和读者批评，以致影响发文单位的领导力、执行力、公信力。在写作中，我们要有"战战兢兢、如临深渊、如履薄冰"的心理和接受社会各方、人民群众监督的思想准备，让文件经得起现实和历史的检验。

可以这样说，但凡质量水准较高，吸引读者眼光，各方给予好评的文件，都与作者心中有读者有着很大关系。反之，不顾及读者的感受，特别是语意表达、语言运用不管读者能否正确理解，草率落笔，就容易出现问题，影响工作的开展。这里，不妨举出几个例子并加以简析。

例1. 有一《意见》（送审稿）提出：

要建设一支高素质职业化专业化食品安全检查员队伍和基层综合执法监管骨干队伍，食品安全监管部门实施公务员统一招录，开展封闭式初任培训，加强线上线下等系列专业化培训，提高食品安全综合执法能力。

〔简析〕公务员统一招录早在上世纪90年代就已全面实施，上述"实施公务员统一招录"的表述，给读者的感觉是，食品安全监管部门到现在才开始实施公务员统一招录，这与实际不符。这句后来修改为：

要建设一支高素质职业化专业化食品安全检查员队伍和基层综合执法监管骨干队伍，对招录的食品安全监管部门的公务员开展封闭式初任培训，加强线上线下等系列专业化培训，提高食品安全综合执法能力。

例2. 有一《纪要》（送审稿）提出：

要学习借鉴国内外城市的好经验、好做法，将其转化为本市文明施工的长效管理机制，持续提升城市建设工程的管理水平。

〔简析〕上述表述，给读者的感觉是，对国内外城市有关经验、做法，不仅是学习借鉴，而且是照搬照套，是在机械地全盘地移植。这有点不实事求是。这句后来修改为：

要学习借鉴国内外城市的经验、做法，形成本市文明施工的长效管理机制，持续提升城市建设工程管理的水平。

例3. 有一《意见》（送审稿）提出：

要严肃机构改革政治纪律、组织纪律、机构编制纪律、干部人事纪律、财经纪律、保密纪律，从严控制提拔和调整干部，严肃查处机构改革过程中的违规违纪和"条条干预"问题。

〔简析〕上述表述，给读者的感觉是，机构改革过程中，肯定会出现违规违纪和"条条干预"问题。这就有点先入为主，显然不恰当。这句后来修改为：

要严肃机构改革政治纪律、组织纪律、机构编制纪律、干部人事纪律、财经纪律、保密纪律，从严控制提拔和调整干部，发现机构改革过程中违规违纪和"条条干预"问题严肃查处。

例4. 有一《通知》（送审稿）提出：

系统建成后的日常运行、经费维护、设备更新，按照现行事权、财权划分原则分级负责，由各区、各部门、各单位按照现有渠道列入预算。涉及设备更新时，按照原渠道列支。

〔简析〕上述表述，使读者有点"丈二和尚摸不着头脑"。经费怎么维护？"日常运行""维护""设备更新"皆为动作，怎么可以列入预算，有的怎么可以按照原渠道列支？列入预算和列支的应该是经费。这句后来修改为：

系统建成后的日常运行、维护、设备更新等经费，按照现行事权、财权划分的原则实行分级负责，由各区、各有关部门和各单位按照现有渠道列入预算。涉及设备更新时，按照原渠道列支。

例5. 有一《规定》（送审稿）提出：

获优质产品质量奖的组织高层管理人员、获奖个人列入优质产品质量奖评审专家库，参加相关评审工作及宣传推广工作。

〔简析〕上述表述，给读者的感觉是，要将人员或个人纳入专家库。这有违常识，纳入专家库的，应该是人员或个人名单。还有，按照上述说法，好像凡是列入专家库的，随时随地都可以自由参加相关评审及宣传推广工作，这也不合常规。这句后来修改为：

获优质产品质量奖的组织高层管理人员、获奖个人的名单列入优质产品质量奖评审专家库，上述人员、个人根据安排，参加相关评审及宣传推广工作。

例6. 有一《办法》（送审稿）提出：

展会活动主办单位应当接受社会监督，在活动结束后1个月内向审批单位报送总结报告，就活动内容、成果、费用总额和支出是否符合批复要求，是否存在违规违纪问题进行自查，审批单位可通过有关部门网站予以公布。

〔简析〕上述表述，给读者的印象是，展会活动主办单位需做两件事，一件事是报送总结报告，一件事是进行自查，且两件事互不关联。其实，作者想要表达的是，通过自查，形成和报送总结报告，讲的是同一件事。这句后来修改为：

展会活动主办单位应当接受社会监督，在活动结束后1个月内，就活动内容、成果、费用总额和支出是否符合批复要求，是否存在违规违纪问题进行自查，并向审批单位报送总结报告。审批单位名单可通过有关部门网站公布。

例7. 有一《报告》（送审稿）写道：

在总结宣传经验和宣传成果的基础上，始终坚持高举高打，不断拓宽宣传渠道，灵活运用新媒体等手段，将改革理念传播到社会的各个角落。

〔简析〕上述表述中，"始终坚持高举高打"令读者费思量，不知举什么、打什么。经删除，这句后来修改为：

在总结宣传经验和宣传成果的基础上，不断拓宽宣传渠道，灵活运用新媒体等手段，将改革理念传播到社会的各个角落。

例8. 有一《通知》（送审稿）提出：

行政执法单位配备音像记录设备、建设音像记录场所，要按照工作必需、厉行节约、性能适度、安全稳定、适量够用的原则，结合执法具体情况确定。原则上，行政执法工作量较大的，执法装备要适当多配；工作量较小的，可适当少配。装备配置和设施建设原则上在2020年底前基本完成。

〔简析〕上述表述中，"原则"竟然出现三次，读者有点眼花缭乱。除前面的"原则"外，后面两个"原则上"均属多余，删去并不违反原意。这段后来修改为：

行政执法单位配备音像记录设备、建设音像记录场所，要按照工作必需、厉行节约、性能适度、安全稳定、适量够用的原则，结合执法具体情况确定。行政执法工作量较大的，执法装备要适当多配；工作量较小的，可适当少配。装备配置和设施建设在2020年底前基本完成。

例9. 有一《报告》（送审稿）第一段为：

值班工作是各级行政机关的一项日常工作，是各单位联络畅通、履行职责、高效运转的重要保障。收到上级《关于进一步加强政府系统值班工作的通知》，我们高度重视，立即组织传达学习文件精神，采取有力措施，健全完善值班工作体系。根据要求，现将有关情况汇报如下：

〔简析〕报告是写给上级的；值班工作的重要性，也是上级强调的。上述表述，开头一句是叙述值班工作的重要性，好像上级还不知此番道理。这没有必要。报文单位应该开门见山，先向上级概述收到有关《通知》后的举动，再通过过渡语，引出下面将要交代的采取的几项措施、取得的几点成效等，这也是上级所期待的。同时，传达学习文件精神的措施，只归结到"健全完善值班工作体系"上，这有点挂一漏万。还有，过渡语中的"汇报"与此文文种"报告"也不一致，给读者的感觉是，此文将"报告"与"汇报"混为一谈。后来修改为：

收到上级《关于进一步加强政府系统值班工作的通知》后，我们高度重视，立即组织传达学习，并采取有力措施，进一步做好值班工作。根据要求，现将有关情况报告如下：

可以肯定，只要"作者心中有读者"，加上过硬的政治素质、业务本领和写作功底，我们就一定能够交上一份份领导放心、群众满意、社会欢迎的"答卷"。

（刊于2019年11月《上海机关动态》）

苦心孤诣，甘之如饴

　　"苦心孤诣"和"甘之如饴"皆为成语。前者意思是，刻苦用心钻研，达到别人难以达到的境地。后者意思是，从事一项工作，虽然遇到艰难、痛苦，但甘愿承受、勇于克服，感觉就像糖浆那样甜。在机关，经常起草各类文件、文稿，应该承认，这是苦差事。为了很好地完成任务，往往要绞尽脑汁，动足脑筋，甚至有时食不知味、寝不安席，相信不少同行都有过此番经历。正如唐代诗人杜甫所说："文章千古事，得失寸心知。"然而，每当我们贯彻领导要求，拿出高质量的作品，服务经济社会发展、服务工作开展、服务群众生活，使辛勤付出得到应有回报，那种轻松和喜悦，真可谓"悠然心会，妙处难与君说"。由是而观，"苦心孤诣"和"甘之如饴"有着关联性。

　　著名学者梁启超曾于1922年8月在上海中华职业学校发表题为《敬业与乐业》的演讲。这个演讲，充满哲理和智慧，至今读来仍引人共鸣。演讲中说道："凡职业都是有趣味的，只要你肯继续做下去，趣味自然会发生。""为什么呢？第一，因为凡一件职业，总有许多层累、曲折，倘能身入其中，看它变化、进展的状态，最为亲切有味。第二，因为每一职业之成就，离不了奋斗；一步一步地奋斗前去，从刻苦中得快乐，快乐的分量加增。第三，职业性质，常常要和同业的人比较骈进，好像赛球一般，因竞胜而得快感。第四，专心做一职业时，把许多游思、妄想杜绝了，省却无限闲烦闷。孔子说：'知之者不如好之者，好之者不如乐之者。'人生能从自己职业中领略出趣味，生活才有价值。"梁启超先生的这段话，阐明了敬业与乐业之间的辩证关系，也是对"苦心孤诣"和"甘之如饴"关联性的极佳注脚。

要做到苦心孤诣，笔者的体会主要有两方面。

一方面，是刻苦学习。当今社会，要学习的内容很多，归纳起来，一是学习政治理论。要认真学习习近平新时代中国特色社会主义思想，学习党的十九大和十九届二中、三中、四中全会精神，学习中央和市委、市政府文件，学习上级指示和领导讲话。通过学习，增强"四个意识"，坚定"四个自信"，做到"两个维护"，在实现中华民族伟大复兴的征途上奋力前行，建功立业。二是学习有关业务。身处不同机关、不同岗位，在把握大局大势的同时，对自己的工作领域、业务范围，要非常熟悉，掌握有关本领。就像有的同志那样，讲到一项政策，能够如数家珍；问起一件事情，能够及时应答；提及一个问题，能够"对症下药"；说到一个指标，能够脱口而出。要真正做到"干一行、爱一行、钻一行、精一行"。三是学习写作知识。既包括语法、修辞、逻辑、文字、标点等知识，也包括立意主旨、思路框架、结构顺序、内容表述等知识，两者互为交融。要广泛进行阅读，不断扩大知识容量，不断增强驾驭语言能力。同时，要积极参加培训。现在，各机关、单位都很重视培训，今年市委宣传部、市政府办公厅围绕公文写作和办理等，先后组织系列培训，并举行考试，广大干部踊跃参加，专心听课、笔记，认真完成答卷，形成了良好的氛围，促进了队伍建设和机关工作提质增效。四是学习各类新知识。科学技术发展日新月异，物联网、大数据、人工智能、区块链等关键技术的突破性发展，极大地推动着经济和社会的进步，也为生产和生活带来了很大的变化。这方面的知识和信息，我们要尽可能地吸收和跟踪。近年来，上海着力建设政务服务"一网通办"，探索城市运行"一网统管"，取得了良好效果，也反映出新知识把握和新技术推行的重要性。

学习的目的完全在于运用。毛泽东同志说过："读书是学习，使用也是学习，而且是更重要的学习。"习近平总书记也指出："一个人如果不注重把学到的知识运用到工作中、落实在行动上，即使他'学富五车、才高八斗'，也不能说达到了学习的最终目的。"我们要把学到的东西运用到公务办理中，运用到调查研究中，运用到文件起草和审核中，运用到日常工作中，使公务办理优质、高效，调查研究深入、细致，文件起草和审核迅速、准确，日常工作有序、到位。

另一方面，是刻苦实践。进入新时代，我们面临着新任务、新要求，使命在心，重任在肩。这就需要具有宽广视野、大局观念和进取意识、担当自觉。文件是机关工作载体，写作是机关工作常态。做好机关工作，很重要的一点，就是要做好文件制发，确保文件质量，当好领导的参谋和助手。聚焦起草和审核文件，当前可以重点思考三个问题。

一是如何压缩篇幅。2019年是"基层减负年"，中共中央办公厅印发的《关于解决形式主义突出问题为基层减负的通知》和市委办公厅印发的《关于贯彻落实〈关于解决形式主义突出问题为基层减负的通知〉的工作措施》，都要求压缩文件篇幅，除事关长远和全局发展的规划性文件外，其他规范性、政策性文件原则上不超过10页。本市各级机关执行情况总体是好的，但在经办中也发现，还有少数规范性、政策性文件代拟稿篇幅比较长，有的十几页，甚至二十几页。后来，都按照规定，坚决将其压缩到10页以内，得到了领导的肯定和来文单位的认可。事实上，经过压缩的文件，重点更突出，内容更集中，应该这样做。当然，也听到反映，认为：文件写得长，没问题；写得短，有难度，就怕有遗漏。其实，压缩篇幅也是在检验起草者、审核者的基本功。我们起草、审核文件，要多想怎样才能实现长话短说、复杂的事简单说，怎样才能以少胜多、"四两拨千斤"。在网上看到一位同志的文章，其中讲道："我国古代的重要典籍大多是用文言写成的，其中许多不朽的作品历来以简约精练著称。……再加上历代名家多注重锤炼语言，讲求'微言大义'，所以就形成了其（文言文）严密简洁的风格。"确实如此，我们可以从古文中，获取文件写作的方法和技巧。

二是如何理顺表述。文件具有操作性，其表述一定要顺畅，要有逻辑性，让人阅读方便，理解容易，从而有效执行或办理。这就要考虑处理好先写与后写、总写与分写、详写与略写、实写与虚写的关系，还要确保前后照应、上下呼应，使句与句、段与段有机衔接，浑然一体。如，某部门将就加强和规范论坛管理发一通知，开头一段原来这样写："近年来，中共中央办公厅、国务院办公厅及上级部门就论坛管理出台了一系列规范性文件，对论坛管理提出明确要求。经领导同意，为深入贯彻落实中央八项规定要求，切实改进工作作风，加强和规范论坛管理，推进论坛健康有序发展，现就有关事项通知如下："这段话分为两句。第一句是讲发文背景，第二句是讲发文依据、发文目的，以及过渡语。但这段话中，发文目的与发文背景不够衔接和对应。还有，一般表达是目的在前，依据在后。而在第二句中，"经领导同意"是依据，却放在前面，"为深入贯彻落实……"是目的，倒放在后面，也不合理。审核者经过思考，将其修改为："为深入贯彻落实中央八项规定，切实改进工作作风，推进论坛健康有序发展，根据中共中央办公厅、国务院办公厅及上级部门有关文件精神，经领导同意，现就加强和规范论坛管理作如下通知："这样一改，就比较完满。

三是如何锤炼语言。文件特别是公文的语言，讲求简洁、准确、凝练，要既通俗易懂又接地气。我们学习习近平总书记讲话、文章，就能感受到他的语言魅力。从中国军网上看到

《习近平新年贺词历年金句盘点》，所有金句，平实中蕴含着真情，通俗中揭示出哲理，亲切自然，直抵人心。如："改革是需要我们共同为之奋斗的伟大事业，需要付出艰辛的努力。""生活总是充满希望的，成功总是属于积极进取、不懈追求的人们。""大家撸起袖子加油干，我们就一定能够走好我们这一代人的长征路。""把老百姓的安危冷暖时刻放在心上，以造福人民为最大政绩，想群众之所想，急群众之所急，让人民生活更加幸福美满。""我们正在从事的事业是伟大的，坚忍不拔才能胜利，半途而废必将一事无成。"这些，都值得我们在写作中学习、领会、借鉴。要通过锤炼语言，使文件产生温度、产生力量。

"苦心孤诣"为前提，会带来"甘之如饴"的结果。这个结果，是进取的延续、境界的提升、人生的意义。我们要不懈努力，以实际行动诠释对理想信念的追求和对本职岗位的坚守。

(刊于2019年12月《上海机关动态》)

公文写作"七戒"（上）

提高公文质量，这是领导的一贯要求，也是机关的一个努力方向。为此，我们在日常工作中，一定要从提高政治站位、确保政令畅通、服务人民群众、维护机关形象的高度，拟制好每一篇公文，让公文发挥应有的作用，体现应有的效能。公文所具有的权威性不言而喻，这激励我们在提升写作水平、提高公文质量上多下功夫，不负领导的重托和人民的期望。

公文写作有规律可循，包括领会领导意图，明确发文目的，搭好结构框架，展开内容表述，规范体例格式等。同时，也要保持一定警觉，防范容易出现的问题，杜绝"软肋"和"硬伤"，使公文成为比较完美之作，能够顺利办理、落实，也经得起读者的评判和历史的检验。实践中，笔者体会到，公文写作至少有"七戒"。

一戒表述不清。语言学家吕叔湘、朱德熙在《语法修辞讲话》中指出："话说得不明不白，要人家猜测，叫做'费解'。这是写作的时候应该避免的。"公文也是这样，表述不清，会令读者和经办单位感到不知所云，产生疑问，进而造成无所适从，或者产生多种理解，影响执行操作。这是公文写作的一大忌。

例1. 本市长护险服务模式涵盖社区居家照护、养老机构照护和住院医疗护理，惠及60周岁及以上享受职工医疗保险的退休人员或享受居民保险的老年人，经老年照护统一需求评估失能程度达到二至六级的长护险参保人员。经自愿申请和需求评估，可由定点护理机构或养老机构为其提供相应的照护服务，并按规定报销护理费用。

惠及的"60周岁及以上享受职工医疗保险的退休人员或享受居民保险的老年人，经老年照护统一需求评估失能程度达到二至六级的长护险参保人员"，到底是指两种对象，还是指一种对象，叫人一下子看不明白。其实是指一种对象，即"60周岁及以上享受职工医疗保险的退休人员或享受居民保险的老年人"中的"经老年照护统一需求评估失能程度达到二至六级的长护险参保人员"。还有，谁"经自愿申请和需求评估"，也没有交代，缺了主语。这句后来改成："本市长护险服务模式涵盖社区居家照护、养老机构照护和住院医疗护理，惠及60周岁及以上享受职工医疗保险的退休人员或享受居民保险的老年人中，经老年照护统一需求评估失能程度达到二至六级的长护险参保人员。这类人员经自愿申请和需求评估，可由定点护理机构或养老机构为其提供相应的照护服务，并按规定报销护理费用。"

例2．深入实施高新企业培育工程，完善高新企业培育库，按照时间节点，稳扎稳打推进高新企业认定工作，争取2020年尽早实现有效期内高新企业总量达到1.5万家左右的目标。

"2020年尽早实现有效期内高新企业总量达到1.5万家左右的

目标"中，"2020年尽早"是什么意思？是说这个目标原来是2021年完成，现在提前到2020年完成，还是说这个目标本身就是2020年完成，只是不要到年底，要提前到一季度或者上半年，这留下了猜测的空间。经查核，后来将这句中的"尽早"二字删除。

例3．近期建设规划编制工作总体上按照今年年底前形成初步成果的要求推进，争取2017年前后启动新一轮规划项目建设。

"争取2017年前后启动新一轮规划项目建设"，这个"2017年前后"的时间跨度太大，可以说从2016年到2018年都包括在内。后来改成："争取2017年底前后启动新一轮规划项目建设。"

例4．完善立法和政策评估体系，建立第三方评估机制，吸纳社会化专业机构，对执法检查和政策落实情况进行客观工作的评估，广泛听取企业评价，重点提问题、出建议。

"广泛听取企业评价，重点提问题、出建议"，好像是说有关部门既"广泛听取企业评价"，又"重点提问题、出建议"，其实"重点提问题、出建议"的应该是企业。后来改成："广泛听取企业评价意见和建议。"

例5．要切实开展好实事拥军工作，组织走访优抚对象，通过送温暖、联欢会等形式，着力解决他们的急难愁问题。

通过送温暖形式来解决"急难愁问题"是可以的，但是通过联欢会形式不妥当。后来将"通过送温暖、联欢会等形式"改成"通过送温暖等形式"。

例6．各高校要认真落实毕业生就业工作，保障"机构、场地、人员、经费"四到位，尤其要保障因推进网络就业服务带来的新增成本。

"保障因推进网络就业服务带来的新增成本"令人费解，成本如何保障？后来改成："保障因推进网络就业服务带来的新增费用。"

例7．要优化涉农学科专业，设置探索对急需紧缺涉农专业实行"提前批次"录取。

对涉农学科专业探索"提前批次"录取，这是可以的，但设置探索"提前批次"录取，不好理解。后来删除"设置"二字。

例8．要让乡村成为上海现代化国际大都市的亮点和美丽上海的底色，努力在实施乡村振兴战略中走在前列、做出示范。

谁在"实施乡村振兴战略中走在前列、做出示范"？从句子看，好像是"乡村"。但"乡村"在"实施乡村振兴战略中走在前列、做出示范"说不通。后来改成："努力使上海在实施乡村振兴战略中走在前列、做出示范。"

二戒画蛇添足。画蛇添足是个成语，出自《战国策·齐策二》。原意是讲古代有人画蛇时，本已画完，却又给蛇画上脚，反而成了败笔。这个成语人们耳熟能详，应该从中吸取教训。北宋苏东坡在《文说》中介绍自己的创作体会，其中有一句，"常行于所当行，常止于不可不止"，这对公文写作有借鉴意义。现在有的公文，如部署工作的决定、通知、意见等，不管合适不合适，总要在公文的末尾加一段话，有的作为表白，有的作为号召。如果确实需要，未尝不可，否则就有蛇足之嫌。

例9．以上规定，请认真执行。上级出台相关政策的，本单位坚决遵照执行。

这句要表达的意思是，尽管本单位这次作出了有关规定，但还是坚决执行上级出台的相关政策。其实，只要是上级出台的相关政策，下级必须执行。所以，"上级出台相关政策的，本单位坚决遵照执行"这句话纯属多余，应当删去。如果要表达的意思是，本单位这次作出的有关规定，可能与将来上级出台的相关政策相抵触，则以上级的相关政策为准，那就应该按此叙述，这才确切，不属多余之句。

例10．以上情况，特此报告，当否，请批复。

这句话是用在一份报告上的，而报告不用批复，故"当否，请批复"也属多余，"以上情况"亦可删去。

例11．以上通知，请认真贯彻执行。各单位要提高思想认识，加强组织领导，采取有力措施，提供有效保障，确保本通知真正落到实处。

在这份通知里，由于已对加强组织领导、采取有力措施、提供有效保障等提出具体要求，因而末尾再来一句"各单位要提高思想认识，加强组织领导，采取有力措施，提供有效保障，确保本通知真正落到实处"作为号召性话语，没有新意，显得重复，后来予以删除。

(刊于2020年2月《上海机关动态》)

公文写作"七戒"（中）

三戒拖泥带水。公文的表述应该聚焦主题，防止东扯西拉，语言应该简洁、明了，防止重复啰唆，这样有利于减少篇幅，也有利于读者和经办单位准确理解。唐朝刘禹锡有一个观点，为文"片言可以明百意"，是说简单的话语也能阐明很多意思，用语不必拖沓、繁冗。如今公文写作，也应该注意这个问题。

例12. 现将《落实〈……若干意见〉的责任分工》印发给各部门、各单位。

各部门、各单位要按照上级的部署，加强组织领导，结合本部门、本单位实际，对照责任分工，加紧制定本部门、本单位实施方案，以高度负责的政治态度和坚强有力的责任担当，确保各项目标任务落地落实。制定实施方案，要紧密结合已经部署的各项改革任务，形成一体推动、一体落实的有效工作机制。既要排查梳理之前各项改革任务的完成情况，已经完成的要巩固深化，尚未完成的要继续推进，又要把上级部署的任务及时纳入工作日程，实现有机衔接、融会贯通，确保取得扎扎实实的成效。要鼓励基层大胆探索、创新，及时对基层创造的经验、做法进行总结和推广，推动各项工作深入开展。

上述第二段话，主要是表达两点。第一点，是要求各部门、各单位对照责任分工，制定实施方案，确保各项目标任务落地落实。但又讲制定实施方案要紧密结合已经部署的各项改革任务，还讲既要排查梳理过去改革任务的完成情况，已经完成的要怎样，尚未完成的要怎样，又要把上级部署的任务及时纳入工作日程。这就显得牵扯太多，偏离主题，且语句不精练。第二点，是强调鼓励基层大胆探索、创新，并总结推广基层创造的经验、做法。这是可以的。后来，将第一点中的"制定实施方案，要……确保取得扎扎实实的成效"这部分删去。

例13. 按照属地管理的原则，本市安全事故灾难现场应急处置以各区政府为主。市有关部门密切配合各区政府，充分发挥指挥协调作用。

既然说安全事故灾难现场应急处置"以各区政府为主"，怎么又说市有关部门"充分发挥指挥协调作用"？还有，在此语境中，市有关部门积极配合的对象，当然是各区政府，不必重复说。这句后来改成："按照属地管理的原则，本市安全事故灾难现场应急处置以各区政府为主，市有关部门密切配合。"

例14. 各区政府和市、区两级相关职能部门要高度重视履行教育职责督导评估工作，切实推动本市教育治理体系的构建和治理水平的提高，认真组织实施，加紧整改到位，确保督导评估工作的顺利开展，确保重大教育政策项目的落实。

教育职责督导评估工作，重点是查找和整改问题，目的是进一步提高教育治理水平，而"确保重大教育政策项目的落实"与此关系不大，这里似无必要提及。这句后来改成："各区政府和市、区两级相关职能部门要高度重视履行教育职责督导评估工作，对督导评估中发现的问题及时整改到位，进一步提高教育治理水平。"

四戒前后不一。这里指的前后不一，有两种情况。一种是前后概念不一，另一种是前后提法不一。同一概念、同一提法，前后表达却不相同，五花八门，会让读者特别是经办单位有"如堕五里雾中"之感，不知道哪个概念、哪个提法是准确的，到底应该怎样去理解或者怎样去实施，从而削弱了公文的作用。

例15．在该地区开展强化竞争政策实施试点工作，推动经济实现高质量发展，具有一定的条件。该地区企业数量多、新兴业态多、跨国企业多、规则意识强，为竞争政策试点提供了良好环境。该地区不断加强反价格垄断、反滥用市场地位的执法，为实施竞争政策提供了实践基础。该地区拥有高素质、专业化的反垄断执法队伍，为政策试点提供了人才保障。

开头讲"在该地区开展强化竞争政策实施试点"，出现的是"强化竞争政策实施试点"这一概念，比较规范，但后面先后出现的却是"竞争政策试点""实施竞争政策""政策试点"等概念，就有点混乱，读者搞不清楚要开展什么试点。后来，将后面的"竞争政策试点""实施竞争政策""政策试点"统一改为

"强化竞争政策实施试点"。

例16．该规划是指导各类规划编制和重大交通项目建设的重要依据，请你们会同有关部门和单位按照规划，提出储备重大项目清单，制定详细实施计划，加大前期工作力度，合理安排重要项目建设时序，切实做好重点项目规划实施工作。

开头"该规划是指导各类规划编制和重大交通项目建设的重要依据"，讲的是"重大交通项目"，那整段都应该使用这一概念，但后面却提出储备"重大项目"清单，安排"重要项目"建设时序，做好"重点项目"规划实施。读者不禁要问，究竟是什么项目。后来将"重大项目""重要项目""重点项目"都改成"重大交通项目"。

例17．为落实"行政审批中介服务事项改革落实不到位"这一问题的整改，有关方面全面排查清理行政审批中的相关中介服务事项，进一步优化准入服务实施办法，明确管理举措。目前，这项任务已经整改完毕。

前面讲"这一问题"整改，后面讲"这项任务"整改完毕，提法有差异，这不妥当。还有，"任务"整改完毕也说不通。后来，将"这项任务已经整改完毕"改为"这一问题已经整改完毕"。

五戒语义残缺。语言学家吕叔湘、朱德熙在《语法修辞讲话》中指出："文章不应该繁冗，不必要的话不必说，这是不错的。可是如果走到另一极端，不把话说周全，使意思不能完全表达出来，那也是不对的。"可以讲，"不把话说周全，使意思不能完全表达出来"，就属于语义残缺。在公文中尤其是指令性、部署性公文中，如果有的地方语义残缺，就会产生执行有偏差，或者无法执行的问题。套用一句话来说，就是"先天不足，后天受阻"。

例18．对本市各重点区域的结构调整情况，请市有关部门加强跟踪，各重点区域要有专人负责联络，及时掌握重点区域结构调整推进情况，每个季度把推进进度和存在问题等信息梳理后上报市政府。

"每个季度把推进进度和存在问题等信息梳理后上报市政府"这一要求，应该是对市有关部门提出的，但从字面上看，却是对各重点区域甚至是负责联络的专人提出的。倘若如此，市有关部门如何"加强跟踪"？这就明显缺少了市有关部门在这过程中所起的作用。应该是，各重点区域将"推进进度和存在问题等信息"梳理后报送市有关部门，由市有关部门汇总后上报市政府，这样才符合程序。后来，这段改为："对本市各重点区域的结构调整情况，请市有关部门加强跟踪。各重点区域要有专人负责联络，并每季度将各重点区域结构调整推进情况，包括推进进度和存在问题等报送市有关部门，由其汇总后上报市政府。"

例19．各有关部门在对地方性法规、政府规章和规范性文件及技术标准等草案进行审核时，应加强性别平等与儿童优先的审视。

"应加强性别平等与儿童优先的审视"，会使读者产生疑问，"性别平等与儿童优先"如何审视？其实，审视的应该是"性别平等与儿童优先"的内容，这里缺少了"内容"二字。后来改为："应加强性别平等与儿童优先内容的审视。"

（刊于2020年3月《上海机关动态》）

公文写作"七戒"（下）

六戒似是而非。似是而非，顾名思义，就是表面上看起来没有问题，实际上是有问题的。能够自觉防止似是而非，能够主动纠正似是而非，仰赖于作者的功底和眼力。现在一些公文文稿中的表述，起草者可能认为比较准确、完备，但实际上有漏洞，经审核者、签发者指出、修改后才恍然大悟，这正应了一句俗语："当局者迷，旁观者清。"克服这种情况，需要不断实践和淬炼。

例20．前不久，上级领导来本单位调研，对做好今后的工作提出了要求。我们要切实将上级领导的要求转化为工作思路和具体举措，真正把上级领导的要求落到实处。

按照字面理解，对上级领导的要求，需要"转化"成"工作思路和具体举措"，这样才能落到实处；如果不"转化"，就不能落到实处，好像上级领导的要求比较"空"。这是不合情理的。后来将"我们要切实将上级领导的要求转化为工作思路和具体举措，真正把上级领导的要求落到实处"改成"我们要按照上级领导的要求，形成工作思路和具体举措，真正把上级领导的要求落到实处"。

例21．有关部门要加强政策指导、业务培训、督促检查，确保委托事项规范有序运转。

仔细想一下，"委托事项"如何"规范有序运转"？后来将"确保委托事项规范有序运转"改成"确保委托事项的实施规范有序"。

例22．要推进依法行政，加快重大行政决策程序暂行规定、农药管理规定等政府立法工作。

政府立法工作范围比较广，包括政府规章的"立、改、废、释"。上述句中，提出加快"暂行规定""规定"，本来就说不通，应该是加快"暂行规定""规定"的制定或修订。同时，作为"立"的具体动作，将其归结到政府规章制定或修订更为贴切。后来将"加快重大行政决策程序暂行规定、农药管理规定等政府立法工作"改成"加快重大行政决策程序暂行规定、农药管理规定等政府规章的制定"。

例23．针对强台风逼近本市，风雨交加，市防汛部门下达了全力抗击台风的指令。军令如山倒，许多单位积极动员起来，从转移安置群众、加强值班值守，到抢排道路积水、快速疏导交通，全力保障群众生命安全和城市正常运行。

常说"兵败如山倒""病来如山倒"，没有"军令如山倒"之说，应该是"军令如山"，其意为，军事命令像山一样不可动摇，必须坚决执行。说"军令如山倒"，势必让人费解。后来将上述句中"军令如山倒"改成"军令如山"。

七戒字词舛误。字词舛误主要表现在用词不当，用字差错，还有多字、漏字等问题。公文一旦发生这类现象，就会造成很大影响，对此不能小觑。为激发人们规范运用语言文字的意识，从2006年起，上海《咬文嚼字》编辑部每年都公布当年十大语文差错。2019年的十大语文差错中："不以为意"误为"不以为然"、"令人不齿"误为"令人不耻"，为词语误用；"禁渔"误为"禁鱼"、"主旋律"误为"主弦律"、"挖墙脚"误为"挖墙角"，为用字错误。这些差错，在公文文稿中也时有出现。究其原因，有的属于基本功不扎实，有的属于键盘输入失误。2020年4月初有位作者在《光明日报》上撰文提出："今天来看，我们每一个人需要多些再多些'咬文嚼字'的谨严精神。一字不肯放松，一词不肯含糊。这是对母语的敬畏，对文字的敬畏，更是对中华优秀传统文化和人类智慧的敬畏。"作为机关工作人员，这方面更要率先垂范。

例24．目前，本市已有两部涉老地方性立法：《上海市老年人权益保障条例》《上海市养老机构条例》。

上述两个《条例》，都是地方性法规。用"地方性立法"这一总说，来引出两个《条例》名称作为分说，不恰当。后来将"本市已有两部涉老地方性立法"改成"本市已有两部涉老地方性法规"。毕竟，"法规"和"立法"的含义不同。

例25．对企业违反规定的，依法实施暂扣、吊销安全生产许可证的管理。

"管理"是大概念，可以理解为是指由计划、组织、指挥、协调及控制等要素组成的活动过程，而"暂扣、吊销安全生产许可证"则是具体的处罚手段。后来将这句末尾的"管理"改为"处理"。

　　例26．2019年，本单位共确定10项任务。在上级的正确领导和有关方面的大力支持下，经过广大干部职工的不懈努力，到年底，年度10项任务顺利完成。

　　"年"和"年度"的起讫时间不同。"年"的时间，是指一年的1月至12月；"年度"的时间，是指根据工作性质和需要而划分的有一定起讫的12个月，通常跨年份。上述句子，错用了"年度"概念。后来，将"年度10项任务顺利完成"改成"全年10项任务顺利完成"。

　　例27．通过建立健全水稻种植的技术标准、生产管理、服务保障体现，强化粮油地理标志运用，保证了产品品质，提升了产品信誉。

　　"建立"的应该是"体系"，而不是"体现"。这里，显然是将"体系"误作"体现"。后来按此做了修改。

　　例28．要及时研究制定应对措施止分息诉，将各类不稳定因素发现在萌芽、化解在基层、处置在初始阶段。

　　上述句中，"止分息诉"的"分"是个别字，应该是"纷"。"止纷息诉"义为防止、制止纠纷，平息投诉或诉讼。后来将"止分息诉"改为"止纷息诉"。

例29．根据要求，取消2019年普通高校全日制应届毕业生可以报名参加2020年上半年女兵征集的规定。

普通高校全日制应届毕业生包括男生和女生，而只有女生可以报名参加女兵征集，上述"普通高校全日制应届毕业生"中，漏掉了"女"字，后来改成"普通高校全日制应届毕业女生"。

(刊于2020年4月《上海机关动态》)

力戒差错有"良方"

《公文写作七戒》（上、中、下）刊登后，听到一些反响，很高兴，这也反映出很多同行、同事对公文写作的钻研和对公文质量的重视。有同志说，每次看到文章，先将所列举的病句自行修改一遍，再与作者的修改作对照，借此检视自己的辨错纠错能力。有同志说，文章列举的病句，倒是经常容易出现的，只是未能及时察觉和防范。也有同志说，有些病句，可以从多种角度进行分析和修改，如例22中的"加快重大行政决策程序暂行规定、农药管理规定等政府立法工作"，也可以改成"加快重大行政决策程序、农药管理等方面的政府立法工作"。还有同志说，最好再能归纳出几点力戒差错的办法，供大家参考和借鉴。结合工作实践，笔者感到，力戒差错有"良方"。

一是坚定信心。苏东坡当年由杭州通判转任密州知州，途中曾作词《沁园春·孤馆灯青》，其中有一句："有笔头千字，胸中万卷，致君尧舜，此事何难？"意思是他和弟弟苏辙笔头功夫好，书读得多，对"致君尧舜"这一功业，充满着信心。在党和人民的培养下，我们经过高校深造，通过专门考试和组织挑选，来到机关，承担起服务领导、服务基层、服务群众的重任。无论是办文、办会、办事，还是调研、督查、协调，都与文字工作有关。围绕贯彻中央精神、落实上级部署、执行领导指示、安排工作任务、报请审批事项、汇报工作情况、反馈意见建议、交流经验做法、处理日常事务，按照领导要求和体例格式来拟写公文、起草文稿，这是应尽职责，也是应有专长。从这个意义上说，也可以把苏东坡的词句作为我们的心声，从而坚定做好文字工作、当好参谋助手的信心。信心就是底气，信心就是力量。

二是树立恒心。常言道：干一行，爱一行；爱一行，钻一行；钻一行，精一行。身处机关，挥毫点墨，要有"板凳甘坐十年冷"的定力。当今社会，学习如同布帛菽粟，须臾不可缺少。为此，需要坚持不懈地学习。主要是学习习近平新时代中国特色社会主义思想，学习党的基本路线、大政方针，学习政治理论、业务知识。要及时阅读中央文件、领导讲话，注意浏览信息简报、报刊杂志以及各类新媒体文章，广泛涉猎各种书籍。还要学习写作知识，打下扎实基础。语言学家王力在《谈谈写文章》一文中提出："我们在写文章的时候就要好好地构思，在文章条理以及逻辑性和科学性方面多多考虑。"他认为："要写好文章，首先要学好造句。古人的语文教育，要求人们写出通顺的文章。所谓'通顺'，指的是语言合乎语法，合乎逻辑，主要是用词造句的问题。"他强调："为了写好文章，需要有好的语文修养。""关于写文章，还有一个篇章结构的问题。这主要是逻辑推理的问题。要学习一些典范文，学会逻辑推理的本领。"王力先生的这些观点，也是写作的要领，我们要很好领悟和掌握。要养成勤于学习、勤于积累、勤于思考、勤于探索的习惯。与此同时，还需要坚持不懈地实践。要珍惜每次拟文、核稿的机会，每当接到布置，都能迅速进入状态，做到拟文讲求质量，核稿严格把关，竭尽全力完成任务。记得杜甫有句诗，"庾信文章老更成，凌云健笔意纵横"，说的是南北朝时期文学家庾信到了老年时，其文更加成熟，挥洒自如，笔力雄健。公文写作也是如此，随着时间的推移，学习多了，实践多了，经验也丰富了，写作就会自然而然地由"必然王国"迈入"自由王国"。现在，很多机关都有一批"笔杆子"，他们在工作岗位上发挥着重要作用，深受领导信任、同行赞誉。他们的成功，就是一步一个脚印地走过来的。

三是讲求细心。公文拟制，细心为要。凡是大手笔，必是精细人。起草、审核，一定要非常细致，缜密操作。有人说，好的文章都是改出来的，很有道理。对起草者来说，完稿后，不能匆匆"交卷"，只要时间允许，就要逐段、逐句、逐字细读和推敲。一遍不行，再来一遍，直到满意为止。必要时，还要征求、吸取有关方面意见。对审核者来说，也是这样去做，要不厌其烦，不漏一处。当下公文，要重点在准确、简洁、易懂上下功夫，使其更好地体现应有的功能和效用，更好地服务公务的办理和公务活动的开展。

所谓准确，就是表述严谨，无懈可击。如，一文稿中有句："人口老龄化、人才、青壮年纷纷流出，对一个地方发展极为不利。"人才、青壮年纷纷流出是可能的，但人口老龄化如何纷纷流出？从字面上看，对一个地方发展极为不利的应该是两种情况，一种是人口老龄化，一种是人才、青壮年纷纷流出。将"人口老龄化"后面的顿号改为逗号或者改为"以及"，这句才说得通。

所谓简洁，就是长话短说，用语节约。如，一文稿中有段话："有关部门、各区政府为确保本市农产品市场供应和价格的基本稳定，要集中力量，全力以赴地支持本市实施发挥骨干企业积极作用，健全和完善政府对大宗农产品市场调控体系的新机制、新政策和新措施，有关部门要高度重视，努力发挥各自的作用，切实根据市场需求和发展形势，积极协调，以确保市场供应为宗旨，按照远近结合的原则，分步实施，积极、稳妥地推进落实工作，切实增强市场调控能力，确保本市农产品市场供应和价格的基本稳定。"这段话，两次出现"确保本市农产品市场供应和价格的基本稳定"，显得重复；又是"发挥骨干企业积极作用"，又是"努力发挥各自的作用"，有点杂乱；有的语句如"集中力量""高度重视""分步实施"等，实属多余。后来这段话修改为："为确保本市农产品市场供应及价格的基本稳定，有关部门、各区政府要发挥骨干企业的积极作用，健全、制定政府对大宗农产品市场调控体系的新机制、新政策、新措施。有关部门要根据市场需求和发展情况，以确保市场供应为宗旨，按照远近结合的原则，积极协调，稳妥推进落实工作，切实增强市场调控能力。"

所谓易懂，就是通俗明白，方便理解。如，一文稿中原来有这样一句："对就业困难人员享受灵活就业社会保险补贴政策期满仍未实现稳定就业的，政策享受期限可延长一年，实施期限至2020年12月31日。"也许起草者并不觉得此番表述有何不妥，但读者会产生疑问，政策享受期限是自动延长吗？政策享受期限与实施期限是否有区别？"实施期限至2020年12月31日"是什么概念？在审核环节，将这句修改为："对就业困难人员享受灵活就业社会保险补贴政策期满仍未实现稳定就业的，经申请、批准后，政策享受期限可延长一年，申请截止日期为2020年12月31日。"修改后，上述疑问也就迎刃而解，执行时不会有障碍。

此外，公文文稿中的错别字也要格外注意。键盘输入，有时会因为拼音相同、相近出错，或者词语、词组挑选出错，这是比较容易疏忽的，修改、审核时应该将其列为重点关注对象之一。如，一文稿中有句："要加强宣传动员，备足备齐物资，做实做细预案，确保人民群众生命财政安全和城市运行平稳有序。"这里，应该是"人民群众生命财产安全"，把"财产"打印成"财政"，明显为输入失误，当引以为戒。

（刊于2020年5月《上海机关动态》）

不断进取，不负重任

2020年5月下旬，万众瞩目的全国"两会"在京召开。习近平总书记在全国"两会"期间发表的一系列重要讲话，高瞻远瞩、思想深邃、内涵丰富，凝聚起攻坚克难、奋勇向前的磅礴力量，为进一步做好各项工作指明了前进方向，提供了根本遵循。6月下旬，十一届上海市委九次全会召开，全会审议通过的《中共上海市委关于深入贯彻落实"人民城市人民建，人民城市为人民"重要理念，谱写新时代人民城市新篇章的意见》，是上海深入贯彻落实习近平总书记考察上海重要讲话精神的重大举措，是上海加快建设具有世界影响力的社会主义现代化国际大都市的行动指南。我们要认真贯彻落实全国"两会"和市委全会精神，紧扣全面建成小康社会目标任务，坚持以人民为中心的发展思想，努力促进经济平稳健康发展，加快推进城市治理现代化，奋力创造新时代上海发展新奇迹。

文件特别是公文作为机关依法行政、开展公务活动的一个载体和工具，在领导指导、沟通协调、交流反馈、宣传教育、事项办理等方面具有无可替代的作用，这也是以文辅政的含义所在。对机关工作人员来说，搞好文件处理、优化文件制作，对于很好履行职责、当好参谋助手、更好服务人民至关重要。围绕贯彻落实全国"两会"和市委全会精神，按照市委、市政府要求，做好本职工作，我们要继续在文件处理和文件制作上下功夫，要"有信仰、有情怀、有担当"，做到不断进取、不负重任。

发文聚焦重点

清朝刘熙载在《艺概·文概》中说过："文之道，时为大。"其意是文艺作品与时代紧密相连，要合于时宜。由此想到，文件也是这样，发文要切合时代脚步和形势发展，贴近一个时期的特点，适应工作的需要、领导的要求。现在，上海正进一步贯彻落实党中央、国务院的决策部署，全力建设经济、金融、贸易、航运、科创"五个中心"，强化全球资源配置、科技创新策源、高端产业引领、开放枢纽门户"四大功能"，打好浦东开发开放、三大任务、一大平台"五张王牌"，实施人工智能、集成电路、生物医药三大"上海方案"，加快建设政务服务"一网通办"和城市运行"一网统管"这"两张网"，提升城市能级和核心竞争力，提高现代化治理能力和治理水平。发展的前景非常明确，发展的路径非常清晰。一些重要发文，要聚焦这些而展开。特别是面临经济下行的压力，如何做好"六稳"工作、落实"六保"任务，如何深化各领域改革、更大激发市场活力和社会创造力，如何扩大有效投资、加强新型基础设施建设和重大工程建设，如何扩大消费需求、做大消费规模，如何进一步改善民生、解决"老、小、旧、远"问题，如何健全公共卫生应急管理体系、筑牢公共卫生安全防线，等等，都需要做好"答卷"、精准施策、产生成效。

精文落到实处

2019年3月，中共中央办公厅下发《关于解决形式主义突出问题为基层减负的通知》，针对文山会海反弹回潮的问题，划定了几条硬杠杠。一是大幅度精简文件和会议；二是明确中央印发的政策性文件原则上不超过10页，地方和部门也要按此从严掌握；三是提出地方各级、基层单位贯彻落实中央和上级文件，可结合实际制定务实管用的举措，除有明确规定外，不再制定贯彻落实意见和实施细则；四是强调少开会、开短会，开管用的会，防止层层开会。上海认真贯彻执行中共中央办公厅《通知》和市委要求，深入整治形式主义、官僚主义问题，开展文山会海专项整治，切实减轻基层负担，成效显著。据统计，2019年，市政府系统全市性大会减少31%，规范性文件等压减30%。2020年4月，中共中央办公厅下发《关于持续解决困扰基层的形式主义问题为决胜全面建成小康社会提供坚强作风保证的通知》，强调要切实防止文山会海反弹回潮，守住精文减会的硬杠杠。对各地区、各部门发文开会情况实施动态监测，确保比2019年只减不增；既要严格控制向县级以下发文的数量，又要精减基层向上级报文报表的数量；进一步明确精文减会的标准和尺度，完善负面清单，不发不切实际、内容空洞的文件，不开应景造势、不解决问题的会议。市委、市政府对贯彻执行中共中央办公厅这一《通知》已及时作出部署，我们要把中央的要求和市委、市政府的部署落到实处。要继续紧绷精文减会这根弦，为领导当好把关者、"守门人"，实现真减负、减真负，让基层和群众有更多获得感。就精文而言，一方面，要减少文件数量。凡可发可不发的一律不发，没有实质性内容的坚决不发，能合并发的就合并发。上级下发文件，没有特殊情况，一般不要求下级必须制定落实意见或实施细则。另一方面，要压缩文件篇幅。现在发现，有少量文件还是篇幅太长，有的甚至20多页、30多页，经办方提请来文单位予以压缩，对方往往觉得这里不好删，那里也不好削。但真正下决心"大刀阔斧"，非但不影响内容，反而效果更好。

拟文提高质量

　　中共中央办公厅《关于持续解决困扰基层的形式主义问题为决胜全面建成小康社会提供坚强作风保证的通知》中再次强调，"着力提高文件、会议质量"。提高文件、会议质量，可以说，这是机关面临的永恒课题，也是机关一直追求的一个目标。从文件看，大凡政治站位较高、主题目的明确、内容表述到位、文风朴实端正、语言文字规范、体例格式正确的，皆属质量上乘。文件制作，包括起草、审核、签发、复核、登记、印制、核发七个环节，整个流程构成了一个闭环。其中，起草、审核为前两个环节，也是确保文件质量的关键环节，要尽心尽力而为，使起草、审核达到较高水准，以便顺利进入后续环节。长期以来，由于市领导的重视和各单位的努力，上海的文件质量总体是好的，但还存在需要改进的地方。当前，尤其需要继续花大力气，确保文件用语的精练、准确。如，有一推进早餐工程的《意见》提出："要在早餐'有没有'上进一步提高覆盖率，在早餐'好不好'上进一步提高满意度。"这样的表述，虽然读起来朗朗上口，但经不起推敲。应该是，进一步提高"有"的覆盖率，进一步提高"好"的满意度。还有，两句话可以并成一句。后来修改为："要进一步提高早餐供应的覆盖率和满意度。"这就比较精练、准确。唐代李贺有诗云："寻章摘句老雕虫，晓月当帘挂玉弓。"反映的是作者刻苦读书、发奋写作的情形：拂晓时分，还在孜孜不倦地谋篇琢句；一弯残月对着帘幕，好像挂在天边的玉弓。如今我们起草、审核文件，也要有这样的精神和状态。

（刊于2020年6月《上海机关动态》）

短文也要细磨

　　诗人、文艺评论家何其芳在《谈修改文章》一文中说过："文章也是一种重要的革命工具，发表出来是要对群众负责的。因此，从写作以前到写完以后，从内容到形式，凡属可能做到的反复研究，充分修改，都大有必要。"文件特别是公文作为开展公务活动的重要工具，同样也是这样，拟写前后要尽可能"反复研究""充分修改"，以确保质量，这也是机关工作人员应有的认知和应尽的职责。

　　一般来说，对篇幅较长的文稿，拟写时往往会用很大力气，完稿后也会注意细磨一番。但对篇幅较短的，只有一两页纸甚至数行字的文稿，拟写时容易忽视细磨，造成短文出现"短板"。其实，长文要细磨，短文也要细磨。因为，"麻雀虽小，五脏俱全"；短文虽短，标准未降。无论是体例格式、思路观点，还是内容表述、语言应用等，长文与短文的要求都是一致的，不能"抓大放小""顾此失彼"。写作也要像画家那样，既擅长大写意，也精于工笔画。

　　这里，不妨对下列一短文作个简析。

关于××市推进办征求《关于加快重大改革项目实施的若干措施（征求意见稿）》意见的函

各有关单位：

当前，本市各个领域改革深入推进，并已取得显著成效，极大地促进了各项工作的开展，增强了全市人民的信心。根据市领导要求，为进一步放大重大改革带动和溢出效应，强化改革力度，促进改革提速增效，我们牵头制定了《关于加快重大改革项目实施的若干措施（征求意见稿）》，现真诚征求各有关单位意见。

请各有关单位组织年富力强力量对相关改革措施进行研究完善，并进一步提出新的改革措施，以求表述简洁准确、创新突破力强、改革成效明显。（除非理由特别充足，原则上不接受减少改革举措或削弱改革力度的修改意见）

各有关单位形成的意见，书面请最迟于今年9月底前后反馈市推进办。超过要求未反馈，视作无意见者。

（联系人：张某某。联系电话：87654321）

××市推进改革办公室

2019年9月

附件：关于加快重大改革项目实施的若干措施（征求意见稿）

上述短文，有多处需作修改。

1.大标题应改为：××市推进办关于征求《关于加快重大改革项目实施的若干措施（征求意见稿）》意见的函。公文大标题，通常由发文单位、事由、文种组成。"关于"为介词，引导事由，故需将"××市推进办"移至"关于"之前。

2.正文第一段，开头一句，"当前，本市各个领域改革深入推进，并已取得显著成效，极大地促进了各项工作的开展，增强了全市人民的信心"，这与主题结合不紧，可删去。写作要开门见山、直奔主题。

3.正文第一段，"根据……，为……"，语序为依据在前，目的在后。而通常应是目的在前，依据在后。这句需改成"为……，根据……"。其中"强化改革力度"，还应改成"加大改革力度"。

4.正文第一段，"我们牵头制定"中的"制定"，宜用"制订"。凡未正式定下来的文件，一般用"制订"，反之，则用"制定"。

5.正文第一段，"现真诚征求各有关单位意见"，其中"真诚"二字应删去。"真诚"带有感情色彩，用在这里大可不必。

6.正文第二段，"请各有关单位组织年富力强力量对相关改革措施进行研究完善"中，"年富力强力量"没有这种说法，"年富力强团队"倒是可以。如果改成"请各有关单位组织年富力强团队"又讲得太具体，难免给人以插手别的单位内部事务之感。同时，"对相关改革措施"应改为"对征求意见稿"；"进行研究完善"不如用"进行研究和修改"好。还有，"并进一步提出新的改革措施，以求表述简洁准确、创新突破力强、改革成效明显"，这是在要求各单位都必须提出新的改革措施，而有的单位可能提不出，那这样写，操作起来就不具有普遍性。此外，紧接"并进一步提出新的改革措施"之后，出现"以求表述简洁准确、创新突破力强、改革成效明显"，这令人费解。正确的表达应是，"新的改革措施要做到表述简洁准确、创新突破力强、改革成效明显"。

7.正文第二段括号中的一句，"除非理由特别充足，原则上不接受减少改革举措或削弱改革力度的修改意见"，显得比较生硬，函的语气应是商洽式。既然征求修改意见，就应允许人家畅所欲言，待修改意见汇总后再统筹研究，哪些可以采纳，哪些不宜采纳，而不需要事先划定不接受修改意见的范围。

8.正文第三段，"书面"应移至"反馈市推进办"之前，改成"书面反馈市推进办"。"最迟于今年9月底前后"中，应删去"后"。否则，最迟时间就有了伸缩余地。

9.正文第三段，"超过要求未反馈，视作无意见者"中，"超过要求未反馈"可改成"逾期未反馈"，"者"属多余，需删去。

10.成文日期应写清楚年、月、日。这里缺少了日。

11.联系人、联系电话为附注，按照格式规范，应置于成文日期之下。

12.附件说明按照格式规范，应置于落款之上、正文之下。

上述短文核改后如下：

××市推进办关于征求《关于加快重大改革项目实施的若干措施（征求意见稿）》意见的函

各有关单位：

为进一步放大重大改革带动和溢出效应，加大改革力度，促进改革提速增效，根据市领导要求，我们牵头制订了《关于加快重大改革项目实施的若干措施（征求意见稿）》，现征求各有关单位意见。

请各有关单位对征求意见稿进行研究和修改，如果提出新的改革措施，要做到表述简洁准确、创新突破力强、改革成效明显。

各有关单位形成的意见，请最迟于今年9月底前书面反馈市推进办。逾期未反馈，视作无意见。

附件：关于加快重大改革项目实施的若干措施（征求意见稿）

××市推进改革办公室
2019年9月5日

（联系人：张某某。联系电话：87654321）

由上述短文核改，想到《韩非子·喻老》中的一句话："慎易以避难，敬细以远大。"其意是，谨慎地对待容易的事，就可以避免危难；慎重地处理细小的事，就可以远离大灾。笔者感到，这句话也适用于文件特别是公文写作。拟写短文，相对比较容易，但也需要谨慎对待，以防止漏洞；篇幅不长，也需要慎重下笔，以杜绝错误。不能因为是短文，就掉以轻心，颟顸大意。

为此，我们要抓紧学习、积极实践，通过把握大政方针、大局大势，领会上级要求、领导意图，丰富知识储备，拓宽眼界视野，熟悉文件写作规律等，努力做好文字工作。同时，要养成良好的习惯，这就是，长文短文，一视同仁，字斟句酌，皆不放松，使其都能成为精品、佳作。现代作家、教育家叶圣陶说得好："积千累万，不如养个好习惯。"

（刊于2020年7月《上海机关动态》）

文言虚字用法有规范

文言文常用的虚字有十多个，如"之、乎、者、也、矣、焉、哉"等，现代文章包括文件也在用。文件用得比较多的是"之、乎、者"。文言虚字用法有规范，我们在拟制文件、起草文稿时，需要加以注意。笔者在文件审核把关中，不时会发现有文言虚字用错的情况。如果很好地把握文言虚字的用法规范，一些差错就完全可以避免。

就"之"字来说，其用法有十几种，文言文和现代文章包括文件常见的有六种。

一是结构助词，作"的"。例如：

1. 水陆草木之花，可爱者甚蕃。

2. 2018年，上海建成近200个"双拥之家"。

3. 贵宾们所到之处，都受到了市民的热烈欢迎。

二是近指代词，作"这""这个"。例如：

4. 魏王欲攻邯郸，季梁闻之，中道而反。

5. 总而言之，要发扬成绩，克服不足，争取更大进步。

6. 组织上给了我们单位这么大的荣誉，我们深感受之有愧。

三是第三人称代词，作"他""他们""她""她们"，还有"它""它们"。例如：

7．与之论辩，言和而色夷。

8．水资源并非取之不尽、用之不竭，必须严格加以保护。

9．对待批评，正确的态度应该是，有则改之，无则加勉。

四是趋向动词，作"到""往"。例如：

10．送孟浩然之广陵。

11．马克思主义是放之四海而皆准的真理。

五是语尾助词，起加强语气的作用，无实质性意义。例如：

12．公与之乘，战于长勺。公将鼓之。（第一个"之"是人称代词，指"他"；第二个"之"是语尾助词。）

13．他坚持学习和实践，久而久之，成了写作能手。

六是取消主谓句式独立性。主谓句式本来可以独立，但中间一旦加了个"之"，就不再独立，后面必须再加一句话，这样才完整。例如：

14．父母之爱子，则为之计深远。（第一个"之"是取消主谓句式独立性的作用；第二个"之"是人称代词，指"他"。）

15．这次培训，产生的效果之好，是过去所没有的。

东晋王羲之名篇《兰亭集序》，共324个字，其中"之"有20个（不算落款）。从唐朝冯承素、虞世南、褚遂良、欧阳询等人临摹本来看，每个"之"字的写法都不一样，各有风格，令人赞叹不已。归纳起来，这20个"之"的用法，主要有四种。第一种是结构助词，如"暮春之初，会于会稽山阴之兰亭"（两个"之"都作"的")。第二种是近指代词，如"每览昔人兴感之由，若合一契，未尝不临文嗟悼，不能喻之于怀"（第一个"之"作"的"，第二个"之"则作"这""这个"）。第三种是趋向动词，如"及其所之既倦，情随事迁，感慨系之矣"（第一个"之"作"到"，此指得到的东西；第二个"之"作"这""这个"）。第四种是取消主谓句式独立性，如"仰观宇宙之大，俯察品类之盛，所以游目骋怀，足以极视听之娱，信可乐也"（前两个"之"都是取消主谓句式独立性；第三个"之"作"的"）。

在此，举几个"之"字用法不正确的例子。如："对贵单位提出与我单位签订战略合作协议，经研究，我们愿与之签订。"这里，将"之"作为第二人称代词"你们"使用，而"之"多用作第三人称代词。应将"之"改为"你们"。又如："这次自然灾害，造成的损失之大。"这里的"之"，就是取消主谓句式独立性。既然已取消主谓句式独立性，后面就必须补一句，否则就说不通。这句可以改成："这次自然灾害，造成的损失之大，超出人们想象。"

就"乎"字来说，按照《现代汉语词典》，其用法有六种。

一是表示疑问，跟"吗"相同。二是表示选择的疑问，跟"呢"相同。三是表示揣度，跟"吧"相同。四是动词后缀，作用跟"于"相同。五是形容词或副词后缀。六是叹词，跟"啊"相同。

此外，由"乎"也组成了一些词和词组，如"关乎""套近乎""满不在乎"等。其中，"关乎"是"关系到"的意思。如，"意识形态关乎旗帜、关乎道路、关乎国家政治安全"。但曾有一文稿写道："调整物价是关乎到人民生活的大事。"显然，"关乎到"应为"关系到"。

就"者"字来说，通常有"的某某"的意思。这里的"某某"，可能指人，可能指物，也可能指单位。如，"耕者有其田，居者有其屋"。这里的"耕者""居者"，分别是指"种地的人""居住的人"。又如，"有关单位要按照标准，加强对产品质量的检查，严防不合格者流入市场"。这里的"不合格者"，是指"不合格的产品"。再如，"各单位必须严格遵守安全生产管理规定。对违反者，予以严肃处理"。这里的"违反者"，是指"违反的单位"。

在此，举一个"者"字用法不正确的例子。曾有一文稿写道："本地禁止运输、加工、销售、贩卖毛蚶，对发现毛蚶者一律予以没收并处罚款。"这里，"发现毛蚶者"是指发现毛蚶的单位或人，对他们怎么能"没收"？为何要罚款？应是对发现的毛蚶一律予以没收，并对违反规定者处以罚款。后来按此作了修改。

古代有一谚语："之乎也者矣焉哉，用得成章好秀才。"意思是，能熟练运用之、乎、也、者、矣、焉、哉这些文言虚字写文章，就算是好秀才。随着时代变迁、语言发展，现代汉语正逐步取代部分文言。在这个背景下，上个世纪50年代初期语言学家吕叔湘、朱德熙在《语法修辞讲话》中指出："我们并不鼓励读者多用文言虚字；正相反，我们要劝大家少用文言虚字，不必要的时候不要用，用得对不对没有把握的时候不要用。"现在看来，这番话还是有一定道理的。这就是说，除了固定的词、词组、成语、谚语、俗语、惯用语、流行语以及其他特殊用语外，文言虚字能不用就不用，要用就要用得准确。现代作家、文学研究家钱锺书认为，"写文章作诗讲究'炼字'，这是一个悠久的传统"。由此想到，拟制文件、起草文稿，如果确需使用文言虚字，也应讲究"炼字"。

为了做到规范使用文言虚字，可以在两方面下功夫。一方面，是讲求语感。如同唱歌、演奏讲求乐感一样，写文章要讲求语感，语句要通顺、流畅，不能疙里疙瘩，使用文言虚字更要做到这点。如，有一通知代拟稿提出："一旦发现有发热等不适症状的入境人员，有关部门要立即采取相应措施妥善处置之。"句末的"之"没有必要，后来删去，否则读起来也不顺口。另一方面，是讲求美感。美感的一种表现是，复句中，两个及以上分句的句式结构要尽可能一致。如，有一纪要代拟稿提出，"打击假冒伪劣商品，既关系到知识产权保护，又关乎社会稳定"。前面用"关系到"，后面用"关乎"，意思一样，表达却不一致，后来将"关乎"改为"关系到"。若将前面"关系到"改为"关乎"也可以。

（刊于2020年8月《上海机关动态》）

切磋琢磨，大有裨益

今年第7期《上海机关动态》刊登笔者《短文也要细磨》一文后，9月中旬"学习强国"公众号以《这则征求意见函为啥这样改》为题予以转载，引起了更多的读者关注。有的读者留言："多发这种文章，泛泛而谈的少发。"有的读者留言："希望作者多出一些这样的修改文章。"等等。这既是肯定，也是鞭策。也有的读者提出了一些问题，与笔者进行探讨和商榷。这也反映出同行、同事和读者朋友在业务上的钻研和写作上的思考，令人感佩。《诗经·卫风·淇奥》中有句话，"如切如磋，如琢如磨"，意思是君子形象的塑造，就像通过切、磋、琢、磨，将骨头、象牙、玉石、石头等加工成器物那样。以后这句话的意思被引申为共同学习研究，互相取长补短，颇有道理。记得英国大文豪萧伯纳说过："你有一个苹果，我有一个苹果，我们相互交换苹果，每个人仍然只有一个苹果。然而，你有一种思想，我有一种思想，我们彼此交换思想，那我们将同时拥有两种思想。"公文写作是集体创作的成果，切磋琢磨，大有裨益。在拟制过程中，需要群策群力，博采众长，这样才能使公文成为精品佳作，垂范于世。

这里，谨就读者提出的一些问题作点回答。

其一，大标题"××市推进办关于征求《关于加快重大改革项目实施的若干措施（征求意见稿）》意见的函"，其中出现了两个"关于"，有累赘之嫌，是否应该去掉前面一个"关于"？

公文的大标题讲求简洁性，便于阅读和记忆。一般来说，最好不出现两个"关于"，否则显得啰唆，但也要看具体情况。必要时，使用两个"关于"也无妨。函是平行文，该函是由市推进办发给各有关单位的，他们是平级关系，前面一个"关于"去掉是可以的，但予保留，显得语气比较平和。若写成"××市推进办征求《关于加快重大改革项目实施的若干措施（征求意见稿）》意见的函"，语气有点生硬。如果是下行文，大标题中原本两个"关于"，去掉前面一个"关于"，则完全可以。如，"中共上海市委、上海市人民政府转发《市委宣传部、市司法局关于在本市开展法制宣传教育的第六个五年规划（2011—2015年）》的通知"，其中"转发"之前就没有"关于"二字。

此外，有的大标题中有两个"关于"，如果去掉第一个"关于"，容易产生歧义，这就需要保留。如，"上海市人民政府办公厅关于同意《关于加快特色产业园区建设促进产业投资的若干政策措施》的通知"，若改成"上海市人民政府办公厅同意《关于加快特色产业园区建设促进产业投资的若干政策措施》的通知"，这给读者的感觉是，市政府办公厅同意这"若干政策措施"。市政府办公厅是市政府的组成部门，同意这"若干政策措施"的，应该是市政府。市政府办公厅只是根据市政府或者市政府领导的要求发出此文，而且在通知的正文里就写明，市政府同意这"若干政策措施"，请有关部门和单位按照执行。

其二，大标题"××市推进办关于征求《关于加快重大改革项目实施的若干措施（征求意见稿）》意见的函"，其中"《关于加快重大改革项目实施的若干措施（征求意见稿）》"的书名号是否可以去掉？

因为讲求简洁性，公文大标题除了法律法规名称外，一般不用标点符号，包括书名号。如，"上海市人民政府转发国务院关于加强法治政府建设意见的通知"，转发的"意见"全称是《国务院关于加强法治政府建设的意见》，这里就删去了书名号，因为删去了书名号，书名号内的"的"也就可以删去。

当然，有时要看具体情况。为了醒目，为了避免歧义，大标题适当使用标点符号也是可以的。"××市推进办关于征求《关于加快重大改革项目实施的若干措施（征求意见稿）》意见的函"，这个大标题中，用了书名号，就使得征求意见的对象比较清楚，否则阅读起来比较吃力。

其三，主送单位用"各有关单位"，是否需要写明是哪些单位？还有，"各"是否可以省略？

主送单位，可以用全称、规范化简称、同类型机关统称，或者代称。显然"各有关单位"用的是同类型机关统称，这是可以的。具体发给哪几个单位，发文单位会在专门的"发文稿"上注明。当然，如果主送单位没有几个，一一写明也是可以的。至于"各"，有没有都可以，习惯上用"各有关单位"。

其四，作为附件说明，附件名称是否要加书名号，末尾是否要加句号？如果附件名称是两行字，在换行时，第二行是写在附件名称的首字下面，还是顶格写？

作为附件说明，附件名称一般不需要加书名号，末尾也不需要加句号。附件名称比较长需要回行时，应当与上一行附件名称的首字对齐，即写在附件名称的首字下面。故下面附件说明的写法是正确的：

附件：关于加快重大改革项目实施的若干措施（征求意见稿）

其五，在"我们牵头制订了《关于加快重大改革项目实施的若干措施（征求意见稿）》，现征求各有关单位意见"之后，是否需要加上"（附后）"或者"（详见附件）"？

如果加上"（附后）"或者"（详见附件）"，那就要相应删去正文下面的附件说明，即"附件：关于加快重大改革项目实施的若干措施（征求意见稿）"，否则就显得重复。

其六，作为附注，"（联系人：张某某。联系电话：87654321）"应该标注在成文日期之上，还是在成文日期之下？平时看到比较多的是，附注标注在成文日期之上。如果是附注标注在成文日期之下，是否需要空一行？

按照《党政机关公文格式》规定，作为附注，"（联系人：张某某。联系电话：87654321）"，或者"（此件公开发布）"，或者"（此件发至县团级）"，都必须标注在成文日期之下，左空两字，不空一行。实践中，也有的根据版面所剩地方大小，或者空一行、空两行，这也可以。此外，还要补充一点，括号内不出现"附注"二字。

其七，"各有关单位形成的意见，请最迟于今年9月底前书面反馈市推进办"这句中，"9月底前"是个含糊的日期，是否应该写明具体的日期？

"请最迟于今年9月底前书面反馈市推进办"是一个有弹性，也有最后截止日期的时间，便于各有关单位根据情况，灵活掌握。如果具体写明在哪一天反馈，当然也可以。

其八，"请各有关单位对征求意见稿进行研究和修改，如果提出新的改革措施，要做到表述简洁准确、创新突破力强、改革成效明显"这句中，"要做到表述简洁准确、创新突破力强、改革成效明显"是否可以改成"要做到内容充实、表述准确、文字简洁、措施可行"？

原来的修改不错，这样的修改也好。语言表达是丰富多样的，只要旨意明确、要意突出、语意周全，怎么表达都可以。由此也想到，"文章不厌百回改"。

其九，"各有关单位形成的意见，请最迟于今年9月底前书面反馈市推进办。逾期未反馈，视作无意见"，这句是说，有关单位形成的意见如果逾期未反馈，就作为无意见来处理。但如果没有意见，要不要反馈，是否需要写明？

对没有意见，要不要反馈，可以写明，不写明也可以。如果没有意见，不作反馈，就归之于"视作无意见"的情形，这对征求意见的单位来说，也达到了发文目的。一般情况下，即使没有写明"如果无意见，就不需要反馈"，无意见的单位也应该作出书面反馈，表示无意见。实际工作中，很多单位都是这样做的。

（刊于2020年9月《上海机关动态》）

"认真做自己，专心做好自己"

　　据2020年7月16日《中国青年报》发表的《习近平与大学生朋友们》系列报道（二十一），2016年4月26日习近平总书记来到中国科技大学考察，在与同学们交谈后发表了即席讲话，勉励同学们肩负时代责任，高扬理想风帆，做有理想、有追求的大学生，做有担当、有作为的大学生，做有品质、有修养的大学生。习近平总书记还叮嘱大家："认真做自己，专心做好自己。"在欢度国庆的日子里，重温习近平总书记的教诲和嘱咐，感到更有收获和提高。

　　这次国庆节，普遍反映就像迟来的春节，"黄浦江两岸物阜民丰、流光溢彩"，这也是全国各地欢乐祥和景象的一个缩影。不由想到《我和我的祖国》中的歌词："我和我的祖国，一刻也不能分割。无论我走到哪里，都流出一首赞歌。""我的祖国和我，像海和浪花一朵。浪是那海的赤子，海是那浪的依托。"令人心潮澎湃。新中国成立71周年来，神州大地发生了天翻地覆的变化。如今，在以习近平同志为核心的党中央坚强领导下，我国的综合国力、经济实力、科技实力跃上新的台阶，人民生活水平显著提升，全面建成小康社会胜利在望。祖国的发展，决定着我们的命运；我们的努力，关系到祖国的未来。我们要更加积极工作，发挥更大作用，为建成社会主义现代化国家、实现中华民族伟大复兴作出应有贡献。从个人角度来说，"认真做自己，专心做好自己"十分重要。这是因为，"每个人出一份力就能汇聚成排山倒海的磅礴力量，每个人做成一件事、干好一件工作，党和国家事业就能向前推进一步"。作为机关工作人员，我们要增强看齐意识，时刻牢记、不断践行习近平总书记的教诲和嘱咐。

怎样"认真做自己，专心做好自己"，习近平总书记有三句话，为我们指明了前行的方向。

一是"不忘初心、牢记使命"。这是2017年10月习近平总书记在党的十九大报告中讲的。按照党中央部署，2019年6月起，全党开展了两批"不忘初心、牢记使命"的主题教育。参加这次主题教育，结合"四史"教育和平时学习，我们进一步认识到，中国共产党人的初心和使命，就是为中国人民谋幸福，为中华民族谋复兴。联系工作实际，无论是审核把关、信息报送、督促检查，还是调查研究、协调问题、办理事项，都要把初心落在行动上、把使命担在肩膀上，从而很好地完成各项任务。2019年6月25日召开的第九届全国"人民满意的公务员"和"人民满意的公务员集体"表彰大会，表彰了192名"人民满意的公务员"和98个"人民满意的公务员集体"。习近平总书记亲切会见受表彰代表，勉励他们不忘初心、牢记使命，在本职岗位上作出更加优异的成绩。我们要向受表彰的个人和集体学习，在新时代书写不忘初心、牢记使命的新篇章。

二是"我将无我，不负人民"。这是2019年3月习近平总书记在会见外国友人时讲的。习近平总书记身体力行，以极大的勇气和智慧，开启了一场波澜壮阔的改革征程，推动中国实现全方位、开创性的发展；以满腔的热忱和情怀，谋民生之利，解民生之忧，让人民有了更多的获得感和幸福感。习近平总书记是我们的榜样。身处机关，办文办会办事都与群众的利益相关，都是服务群众的具体实践，我们要全心投入，倾情付出。可以说，在机关拟制文件是家常便饭，整个过程比较辛苦，常常是呕心沥血。古人称公文为"经国之枢机，为政之先要"，将公文视作治理国家的重要工具、处理政务的第一要素，这很有道理，当下文件尤其是公文仍然具有这样的地位和作用。我们在起草文件时，要领会领导意图、明确发文目的，收集有关材料、形成思路观点，然后组织语言文字，并注意听取意见，进行修改完善。在审核文件时，要弘扬工匠精神，从上到下、从大到小、由此及彼、由表及里，不厌其烦、仔细打磨。在复核文件时，要对审批手续、内容、文种、格式等耐心查验。遇到交办的急件、特急件，要保持冷静，起草、审核、复核每个环节都要切实负责，精心操作，防止忙中出乱、忙中出错。特殊情况，需要加班加点，能自觉克服困难。

三是"勇于担当，攻坚克难"。这是2019年11月习近平总书记在上海考察时讲的。现在，世界正处于百年未有之大变局，经济发展不稳定不确定因素增多，我国发展环境面临着深刻复杂变化。上海正按照党中央、国务院的决策部署，在更高起点上推进改革开放，力争率先形成以国内大循环为主体、国内国际双循环相互促进的新发展格局，成为我国深度融入全球经济的功能高地，奋力创造新时代发展新奇迹，更好地服务国家战略。当然，改革之路不是一马平川，开放之路不是一步到位，发展之路不是一帆风顺。在实现宏伟目标的征程中，遇到的风险挑战将更为严峻，需要解决的问题会有不少，这对机关工作人员的要求也越来越高。我们要提高政治站位，开阔眼界视野，加强学习实践，增强本领能力。要吃透上情，摸清下情；贴近领导，深入基层。要勇担责任，激发斗志，能接"烫山芋"，敢啃"硬骨头"。同时，把这种精神状态体现在文件拟制上。当前，围绕贯彻市委、市政府的要求，如何把握大趋势，下好先手棋，勇开顶风船，当好开拓者，我们要认真思考，集思广益，化为具体举措，重点使决策性、部署性、指导性文件具有较高的含金量。为此，第一要善于提出针对性、操作性更强的政策措施，以求取得更有显示度、更有影响力的成效。如，为了让早餐供应更便捷、更丰富、更健康，2020年8月，本市出台了进一步推进早餐工程建设的18条意见，实施效果就比较好，市民纷纷点赞。第二要善于总结、固化工作经验和成果，以利在更大范围复制和推广。如，临港新片区特斯拉超级工厂一期项目2018年当年签约、当年取得土地、当年获施工许可，2019年实现当年开工、当年投产、当年交付，既创造了大型工业项目建设的上海速度，也创造了临港新片区建设项目实行多方联动审批服务的经验。本市有关文件及时总结、推出"特斯拉样本"，产生了良好的示范和带动作用。第三要善于发现、分析矛盾问题，以便及时加以解决。如，推进旧区改造，存在诸多难点、堵点，本市出台了系列方案措施，聚焦项目实施、运作、管理中的突破和创新，完善政策内容，确保政策落地，加快了旧区改造的进程。此外，还要加强政策研究和储备，充实政策工具箱。

（刊于2020年11月《上海机关动态》）

后浪推前浪，心潮逐浪高

2020年12月初，《咬文嚼字》杂志公布了2020年十大流行语，"后浪"为其中之一。它较早出现于宋代刘斧小说总集《青琐高议》中的"长江后浪推前浪，浮事新人换旧人"一句，与唐代刘禹锡诗"芳林新叶催陈叶，流水前波让后波"意思差不多。现在人们通常将"长江后浪推前浪，浮事新人换旧人"说成"长江后浪推前浪，世上新人换旧人"。

《咬文嚼字》杂志介绍，2020年五四青年节前夕，短视频《后浪》以不可阻挡之势成为舆论焦点。视频中，演员何冰发表演讲，以"后浪"称呼新一代青年人，表达了对他们的认可与赞美。应该说，"后浪推前浪"是自然规律，是竞争态势，也是可喜现象。

2020年8月19日至9月17日，根据市委组织部、市公务员局安排，市干部培训中心组织了2020年上海市新录用公务员初任培训，共设置29个培训班，有3800多名新录用公务员参加。培训重点围绕理想信念、法律法规、职业道德、公共管理知识、公文写作与处理等，通过课堂学习、专题讲座、在线学习和社会实践等形式开展。笔者承担了几个班级的"公文写作与处理"授课任务，在授课中、与学员们接触中，也深深感受到了"后浪"的激情和"后浪推前浪"的力量。

同历年培训一样，课堂上，学员们全神贯注，认真聆听讲授内容；抓紧笔记，生怕漏记一段话；深入思考，大胆回答老师提问。课余间，学员们相互交流，并与老师积极互动。考试时，学员们胸有成竹，专心答题，取得良好成绩。大家努力学习、奋发向上，求知若渴、争分夺秒，谦虚谨慎、彬彬有礼，那种态度、那种氛围，令人印象深刻，难以忘怀。

特别是培训结束后，一些班级为"公文写作与处理"课编发专题简报，反映课上课下的情景和学员们的心得。还有不少学员以短信、微信、电话等方式，与老师保持联系，汇报参加培训的体会，表达今后不断学习、不断进步的意愿，并提出一些需要解答的问题。学员们比较关心的问题是，到了机关、到了工作岗位，如何增强公文写作能力，提高办事效率和服务水平，当好领导的参谋和助手，成就波澜壮阔的一生。由此，想到《中庸》中的一句话："博学之，审问之，慎思之，明辨之，笃行之。"这句话可以理解为五个"多"：多学习，多请教，多思考，多比较，多实践。这里，愿以此与"后浪"共勉。

在多学习方面，要继续深入学习贯彻习近平新时代中国特色社会主义思想，习近平总书记考察上海重要讲话精神。当前，要深入学习贯彻党的十九届五中全会精神、中央经济工作会议精神，深入学习贯彻习近平总书记在第三届中国国际进口博览会开幕式上的主旨演讲、在浦东开发开放30周年庆祝大会上重要讲话精神，切实把思想和行动统一到中央对当前形势的判断和对工作的部署上来，确保中央各项决策部署落地生效。此外，还要学习各类知识，增强业务本领。

在多请教方面，"三人行，必有我师焉"。要多向领导、同事和基层、群众请教，贴近领导思路、领会领导意图，借鉴同事经验、善于取长补短，了解基层情况、倾听群众呼声。

在多思考方面，要经常开动脑筋，研究写作的规律，把握写作的技巧，充实写作的内容，创新写作的思路，使拟制的文件有思想、有分量、有温度、有新意，顺应时代的发展，符合领导的要求，满足人民的需要。

在多比较方面，有比较才有鉴别，有比较才有发现，有比较才有提高。平时工作中，就可以将自己起草的文件与修改后正式发出的文件相比较，看看同事和领导改在哪里，为什么这样改，这样改好在哪里，今后如何加以吸收。几番反思、几番磨炼，就会有进步。如前不久，市有关部门就我市2018年度"菜篮子"市长负责制考核整改工作情况致函农业农村部办公厅。该函代拟稿原来开头为：

根据《农业农村部办公厅关于反馈上海市2018年度"菜篮子"市长负责制考核情况的函》（农办××〔2020〕×号）要求，我市进一步压紧压实"菜篮子"市长负责制，积极强化"菜篮子"产品生产能力，加强农产品市场流通体系建设，健全完善市场调控机制，现将整改工作情况函报如下：

这段表述意思是，根据《农业农村部办公厅关于反馈上海市2018年度"菜篮子"市长负责制考核情况的函》要求，我市进一步压紧压实"菜篮子"市长负责制等。给人的感觉，好像农业农村部办公厅不来函，我市还不会这样做。而农业农村部办公厅来函中有个要求，是向其告知上海市有关考核整改情况。再说，我市进一步压紧压实"菜篮子"市长负责制等，已做了多年，很有成效。后来，正式发出的函开头改为：

近年来，我市进一步压紧压实"菜篮子"市长负责制，强化"菜篮子"产品生产能力，加强农产品市场流通体系建设，健全完善市场调控机制，取得了一定成效，但还存在不足。根据《农业农村部办公厅关于反馈上海市2018年度"菜篮子"市长负责制考核情况的函》（农办××〔2020〕×号）要求，我市积极做好2018年度"菜篮子"市长负责制考核整改工作，现将有关情况函报如下：

起草人员将修改前和修改后的函的开头做了对比，发觉修改后，函的开头就比较全面、准确、切题，认为从中学到了东西。这位同志有心、用心，相信以后一定进步更快。

在多实践方面，"实践出真知"，要多读多写，勤于练笔。每当接到领导交办的拟稿任务，每当接受文件起草、审核的工作布置，都要十分重视，认真对待，确保按时按质"交卷"。这方面，不能有畏惧心理，不能有应付想法。要拟写一次，提高一次；经办一次，升华一次。量的积累，就会产生质的飞跃。

当然，作为"前浪"，长期深耕机关，经验比较丰富，更要发扬优良传统，继续奋发有为，进一步发挥骨干作用。唐代宰相魏扶曾回到当年科举考场并留下诗句："曾是昔年辛苦地，不将今日负初心。"站在时代前列，肩膺时代重任，我们要牢记初心使命，不懈艰苦奋斗。同时，要搞好"传帮带"，使"后浪"快快成长。

让"后浪""前浪"汇聚成"巨浪"。"巨浪，巨浪，不断地增长！"汹涌澎湃，奔向远方。

(刊于2020年12月《上海机关动态》)

新年再出发

日月其迈，岁律更新。带着壮志豪情，带着憧憬希冀，我们跨入了2021年。回望2020年，这是新中国历史上极不平常、极为特殊的一年。面对百年变局，"中国人民最伟大的创造力，发出了闪电和雷声"。在以习近平同志为核心的党中央坚强领导下，全国人民攻坚克难、砥砺前行，取得了经济社会发展的重大成果，交出了一份人民满意、世界瞩目、可以载入史册的答卷。我国成为全球唯一实现正增长的主要经济体，改革开放、科技创新实现重大突破，脱贫攻坚、决战小康社会的目标任务如期完成，民生得到有力保障，"十三五"画上圆满句号。按照党中央、国务院和市委、市政府的决策部署，上海人民众志成城、迎难而上，创造了改革开放发展的新成绩。全面落实"六稳""六保"，经济呈现向上、向好态势；深入贯彻"人民城市人民建，人民城市为人民"的重要理念，城市建设和管理再上新台阶，人民幸福指数不断提升。与此同时，浦东开发开放30周年成果累累，第三届中国国际进口博览会富有成效，中央交给上海的三项重大任务实施加速推进，国际经济、金融、贸易、航运中心基本建成，具有全球影响力的科技创新中心建设形成基本框架。

瞩目的成就，记录着拼搏的足迹；前进的征程，浸润着进取的辛劳。同千千万万个奋斗者一样，在过去的一年里，广大机关工作人员都为国家的兴盛、为上海的发展作出了应有贡献。大家认真学习贯彻习近平总书记系列重要讲话精神和中央的指示，按照市领导和上级的要求，围绕中心，服务大局，拟就一份份文件、文稿，及时将中央的声音传达下去，将群众的呼声反映上来，有效地推进各项工作开展；拓宽视野，统筹协调，出台一项项政策措施，有力地推动改革开放、创新发展；深入基层，调查研究，形成一篇篇调研报告，及时总结基层的经验，反映存在的问题，提出有深度、可操作的对策措施，很好地完成交办任务。

2021年，是中国共产党成立100周年，是"十四五"开局之年，是我国现代化建设进程中具有特殊重要性的一年。蓝图已擘画，新年再出发。我们要结合自身实际，立足本职岗位，继续发挥文以辅政作用。公文、文稿的起草和审核，要努力做到三点。

一是重点更为突出。习近平总书记非常关心上海的发展和进步。2018年11月，习近平总书记在上海考察时提出，要全面贯彻新发展理念，加快建设现代化经济体系，加快提升城市能级和核心竞争力。2019年11月，习近平总书记在上海考察时指出，人民城市人民建，人民城市为人民。在城市建设中，一定要贯彻以人民为中心的发展思想，合理安排生产、生活、生态空间，努力扩大公共空间，让老百姓有休闲、健身、娱乐的地方，让城市成为老百姓宜业宜居的乐园。习近平总书记还提出，要强化全球资源配置功能、科技创新策源功能、高端产业引领功能、开放枢纽门户功能，努力成为国内大循环的中心节点和国内国际双循环的战略链接。2020年11月，习近平总书记在上海出席浦东开发开放30周年庆祝大会时发表重要讲话中指出，上海是中国共产党诞生地。要传承红色基因、践行初心使命，不断提升党的建设质量和水平，确保改革开放正确方向。广大党员、干部要勇于担当、敢为先锋，奋力创造新时代新奇迹。

习近平总书记的这些重要讲话、指示，高屋建瓴，思想深邃，是我们的根本遵循和行动指南。当前，上海正在深入贯彻落实习近平总书记的重要讲话、指示，贯彻落实中央的部署要求，把握新发展阶段、贯彻新发展理念、构建新发展格局，推动高质量发展、创造高品质生活、实现高效能治理，加快提升城市能级和核心竞争力，更好地为全国改革发展大局服务。市委、市政府明确提出：要着力提升科技创新能力，打造自主创新新高地；着力推进更高水平改革开放，打造国际国内要素、产能、市场、规则高效链接的核心枢纽；着力推动长三角一体化发展，共同打造强劲活跃增长极；着力做强"五型经济"（创新型、服务型、开放型、总部型、流量型经济），畅通经济循环；着力建设"五大新城"（嘉定、青浦、松江、奉贤、南汇新城），做到产城融合、功能完备、职住平衡、生态宜居、交通便利；着力推动城市数字化转型，构筑数字城市的框架；着力打造韧性城市，深化政务服务"一网通办"和城市运行"一网统管"建设，促进能级提升；着力保障和改善民生，不断提高公共服务均衡化、优质化水平。这"八个着力"，也是有关发文的重点。要量身定制一批精准支持政策，积极鼓励开拓创新，固化推广先进经验，帮助解决瓶颈问题，使文件有的放矢、新招迭出、弹无虚发。为此，要进一步深入贯彻习近平新时代中国特色社会主义思想，在思想上、政治上、行动上同以习近平同志为核心的党中央保持高度一致，提高政治判断力、政治领悟力、政治执行力。要把握大局大势，贴近领导思路，汇聚群众智慧，拿出优质作品。

二是内容更加实在。文件特别是公文是开展公务工作的基础和载体，是机关、单位实施领导、履行职能、处理公务的重要文书和工具，其内容实在，应是题中应有之意。所谓内容实在，就是说，文件要言之有物，指向性、操作性都比较强。要化繁为简，去粗存精，不讲大话、套话、空话，避免篇幅过长。2019年3月中共中央办公厅《关于解决形式主义突出问题为基层减负的通知》下达和实施后，本市制发文件的数量、篇幅都有明显的下降和缩减，但还不能松懈，要防止反弹回潮。现在发现，有的政策性文件，动辄超过10页；有的文件，大段摘抄上级文件或其他文件；有的文件，开头部分的背景情况交代过多；有的文件，前面已一一明确具体工作的责任单位，后面又加上附件，把具体工作的责任单位再细细列举一遍，显得重复；也有的文件，喜欢穿靴戴帽，空发议论。这些情况虽属少数，却也不能忽视，要切实加以纠正和改进，真正让文件有"干货"、无"水分"，有内核、不平泛。

三是质量更有保证。文件、文稿的定位，决定了它的质量必须高。据媒体报道和有关方面介绍，1951年初，毛泽东同志在审阅中央一份关于公文中文字问题的指示稿，读到其中指出的"滥用省略、句法不全、交代不明、眉目不清、篇幅冗长"等缺点时，深有感触，遂批示胡乔木同志，这个材料"可以印成小本发给党内外较多的人看"，并建议"一般文法教育则应在报上写文章及为学校写文法教科书"。经叶圣陶同志推荐，吕叔湘、朱德熙先生领受任务，于同年6月6日开始在《人民日报》刊登《语法修辞讲话》。刊登当天，《人民日报》在头版郑重发表了毛泽东同志亲笔修改的社论《正确地使用祖国的语言，为语言的纯洁和健康而斗争！》。《语法修辞讲话》共分45次，直到12月15日刊登完毕，第二年结集出版单行本，1979年、2011年两次修订再版。人民日报评论员文章曾评价，《语法修辞讲话》"提高了几代人的语言文字应用能力"。如今，70年过去了，确保文件、文稿质量，仍有必要予以强调和重视。这是因为，《语法修辞讲话》中指出的表达方面存在的逻辑、层次问题和费解、歧义、堆砌、重复、烦冗、苟简、修辞等问题，在当下的一些文件、文稿中仍有发生。要提高政治站位，增强语言文字修养，在谋篇布局、立意选材、遣词造句上继续狠下功夫、严格把关，进一步保证文件、文稿质量。

初心如磐，使命在肩。我们要脚踏实地，行稳致远，为实现宏伟目标尽职尽责，作出新的贡献。

(刊于2021年1月《上海机关动态》)

学好语法修辞，优化公文写作

  《新年再出发》一文在2021年第1期《上海机关动态》杂志刊登后，听到一些反映。有同志说，1951年，经毛泽东同志专门批示，叶圣陶同志推荐，同年6月6日起至12月15日，吕叔湘、朱德熙先生在《人民日报》上连续45次登载《语法修辞讲话》。《人民日报》首次登载时，在头版郑重发表毛泽东同志亲笔修改的社论《正确地使用祖国的语言，为语言的纯洁和健康而斗争！》，第二年《语法修辞讲话》结集出版。这在我国历史上是前所未有的，可见毛泽东同志对公文写作、对公文质量的高度重视。也有同志说，已很快在网上订购到《语法修辞讲话》一书并已阅读，收获不小。

  确实，当年《人民日报》连载《语法修辞讲话》是件大事。毛泽东同志的批示，非常重要；《人民日报》社论，影响深远；吕叔湘、朱德熙先生的文章，有的放矢。中央人民广播电台也同步播出吕叔湘、朱德熙先生的文章。这些，引起了广泛关注，也掀起了全社会学习语法修辞的热潮，推动了祖国语言文字应用的规范化进程。一位语言学家说过，《语法修辞讲话》是"亿万人民的语言教科书"。这个评价，是恰如其分的。

转眼间，70年过去了。重温那篇《人民日报》社论，觉得一点都不过时。社论中"正确地运用语言来表现思想，在今天，在共产党所领导的各项工作中具有重大的政治意义"这句话，依然给人以振聋发聩之感。经过1979年、2011年两次修订再版，《语法修辞讲话》更趋完备，至今还散发着一种魅力，依然有着阅读和参考的价值。作为机关工作人员，起草、审核公文是常态，而掌握语法修辞则是一项基本功。语法是用词造句的规律，包括词的构成和变化，词组和句子的组织；修辞是语言的表现形式及其规律，通过修饰文字词句，运用各种表现方式，使语言表达准确、鲜明、生动。学好语法修辞，优化公文写作，应该成为我们的一种自觉意识和用心实践。

　　《语法修辞讲话》共分六讲，第五讲主要是指出语言表达上存在的逻辑、费解、歧义、堆砌、重复、烦冗、苟简、层次、修辞等九个方面问题。这些问题，在当下的公文中仍有发生，需要加以警惕、防范和纠正。这里，不妨分别列举相应的例子并作简析。

　　一是逻辑问题。例如：

　　在加强改革实施情况监督评估中，要及时总结推广经验做法，纠正改革中出现的跑偏走样等问题，探索建立公开曝光和内部通报机制，加强政策督促落实和跟踪问效。

　　从这句来看，好像改革中一定会出现跑偏走样等问题，需要加以纠正。这样的表述在逻辑上不成立。这句后来改成："在加强改革实施情况监督评估中，要及时总结推广经验做法，发现改革中的跑偏走样等问题及时纠正，探索建立公开曝光和内部通报机制，加强政策督促落实和跟踪问效。"

二是费解问题。例如：

对该地区的轨道交通建设，要深入研究有关专家建议，充分论证可行性、操作性，以便采纳有关专家合理建议，有序落实具体项目，加快连网成线，提升该地区轨道交通能级。有关工作情况明确后，要及时报告上级领导。

这句"有关工作情况明确后"中的"有关工作情况"，指的是什么情况，令人费解，其实是指研究有关专家建议并予采纳的情况。为此，需要将"有关工作情况明确后，要及时报告上级领导"改成"对有关专家建议的研究、采纳情况，要及时报告上级领导"。

三是歧义问题。例如：

在资金使用上，经初步核查，暂未发现本单位去年重大工程建设资金管理和项目管理因合规性问题被列入上级部门的有关报告。

这句话本意是，本单位去年重大工程建设资金管理和项目管理不存在合规性问题，也没有因合规性问题被列入上级部门的有关报告。但容易被人误解为，本单位可能有这方面的问题，只是未发现被列入上级部门的有关报告而已。这就产生了歧义。这句后来改为："在资金使用上，经初步核查，暂未发现本单位去年重大工程建设资金管理和项目管理存在合规性问题并被列入上级部门的有关报告。"

四是堆砌问题。例如：

要继续花大力气做好困难群体关爱工作，推动这项工作更全面、高质量、可持续地发展。

这句中，"更全面、高质量、可持续"都有堆砌的毛病，且用得不太恰当。这句可以改为："要继续花大力气做好困难群体关爱工作，推动这项工作再上新的台阶。"

五是重复问题。例如：

要严格按照国家有关要求，稳步推进清理收费工作，科学界定政府、企业、用户的权责关系，建立合理的成本分摊机制，加快研究制定相关配套措施，做好统筹衔接，确保清理收费工作稳步推进。

这里，"稳步推进清理收费工作"与"确保清理收费工作稳步推进"重复，可以将"确保清理收费工作稳步推进"改成"确保清理收费工作按时完成"。

六是烦冗问题。例如：

要采取有力措施，确保资金项目监管、工作协同、队伍建设、作风改进、服务保障等重点工作全面推进。

这句中，不应该出现"工作协同"，因为它不能构成"重点工作"的内容之一，且与"资金项目监管""队伍建设""作风改进""服务保障"不并列，必须将其删去。

七是苟简问题。例如：

在加强节日期间就地过年的外来务工人员生活保障方面，要实施猪肉、绿叶菜等农产品保供稳价，确保主副食品和生活必需品量足价稳，搞好物资储备和投放，防止主副食品和生活必需品断档脱销。

这句中，加强节日期间生活保障的措施不仅仅是针对就地过年的外来务工人员，而是覆盖所有本地市民和就地过年的外来务工人员。因此，加强节日期间生活保障的对象，不能漏掉"本地市民"，需要将"在加强节日期间就地过年的外来务工人员生活保障方面"，改成"在加强节日期间本地市民和就地过年的外来务工人员生活保障方面"，否则就是苟简。

八是层次问题。例如：

有关方面搞好事中事后监管取得的成效主要有：1.创新机制，有效服务事中事后监管工作。……2.提高站位，深刻认识事中事后监管重要性。……3.精准发力，认真落实事中事后监管措施。……

这段中讲的"取得的成效"有三点，但层次不合理，应该调整为："1. 提高站位，深刻认识事中事后监管重要性。……2. 创新机制，有效服务事中事后监管工作。……3. 精准发力，认真落实事中事后监管措施。……"

九是修辞问题。例如：

春风轻抚，春水荡漾，春光明媚，现在正是踏青赏花的大好时机，人们会纷纷走出家门，外出旅游。……

公文不同于文学作品，文学作品可以较多使用修辞手法，而公文则较少使用修辞手法，若用，就要用得恰到好处。还有，公文的语言比较平实、简朴。这句中，"春风轻抚，春水荡漾，春光明媚"等修饰性词语可以删去，其他表述还需要简洁些。这句可以改为："春季是踏青赏花、外出旅游的高峰季节。……"

习近平总书记曾对文风提出了"短、实、新"的要求。他指出：短，"就是要力求简短精炼、直截了当，要言不烦、意尽言止，观点鲜明、重点突出"。实，"就是要讲符合实际的话不讲脱离实际的话，讲管用的话不讲虚话，讲有感而发的话不讲无病呻吟的话，讲反映自己判断的话不讲照本宣科的话，讲明白通俗的话不讲故作高深的话"。新，"就是力求思想深刻、富有新意，正所谓'领异标新二月花'"。习近平总书记的要求，我们在写作公文时应遵循。公文要达到"短、实、新"，作者除了提高政治素质、业务本领之外，还需要在语法修辞上多下功夫，包括语言文字的锤炼、内容表述的推敲，以形成良好的语感和职业习惯。为此，我们要不断努力，确保公文质量特别是语言文字质量，使公文在开展工作、办理公务方面发挥应有作用的同时，在新时代加强语言文字规范运用方面发挥引领示范作用。

（刊于2021年2月《上海机关动态》）

规范公文用语表述（上）

党政机关公文的一大特点是，严格的规范性。这个规范，既表现在体例格式规范、行文程序规范，也表现在用语表述规范。公文用语表述规范有的与一般出版物相同，也有的为自身所特有，需要加以重视和遵守。

从工作实践来看，公文用语表述规范体现在以下几个方面：

一、关于称谓规范

1. 下级称上级、上级称下级，不用尊称；平级互称，可以用尊称，即称谓前加上"贵"字。

如，上海市民政局发文给民政部，文中提及民政部，不称"贵部"，一般也不称"你部"，可以直接称"民政部"。例："根据民政部的要求，我们开展了……工作。"又如，上海市政府批复黄浦区政府，文中提及黄浦区政府和黄浦区，不称"贵府""贵区"，可以称"你们""你区"或者"黄浦区政府""黄浦区"。例："你们《关于……的请示》收悉。"又如，上海市政府发文给浙江省政府，文中提及浙江省，可以称"贵省"。例："对贵省提出的……修改意见，我市作了认真研究，并予以采纳。"再如，上海市政府发文给教育部，文中提及教育部，可以称"贵部"。例："现将市教委报来的《……》转报贵部，请予审批。"

2．下级对上级，自称时一般不用"本"，而用"我"；上级对下级、平级之间，自称时用"本"或者"我"都可以。

如，上海市政府发文给国务院，自称时不称"本市"，而是称"我市"。又如，上海市财政局发文给各区财政局、发文给上海市审计局，自称时可以用"本局"，也可以用"我局"。

3．对委、办、局，可以称为部门，也可以称为单位；对区，不能称为部门，只能称为单位；对企业和事业单位，都称为单位。

如，"市发展改革委、市政府外办、市规划资源局等部门"，也可以表述为"市发展改革委、市政府外办、市规划资源局等单位"。但"黄浦区、静安区、徐汇区政府等单位""光明集团、上实集团等单位"不能表述为"黄浦区、静安区、徐汇区政府等部门""光明集团、上实集团等部门"。还有，"市发展改革委、黄浦区政府、光明集团等部门和单位"可以表述为"市发展改革委、黄浦区政府、光明集团等单位"，但不能表述为"市发展改革委、黄浦区政府、光明集团等部门"。

4．有的称谓，应该是先全称，加了说明再简称。说明简称后，凡是再提到此称谓，一律用简称。

如，"市政府决定，成立上海市就业工作领导小组（以下简称'领导小组'），领导小组办公室设在市人力资源社会保障局"。又如，"本市将重点开展对锅炉、压力容器、管道、特种设备（以下简称'锅容管特'）大检查，发现隐患，坚决消除，以确保锅容管特使用安全"。

5．有的机构已经撤销，现在再提及，可以前面加上"原"字。如果提及时带有具体时间，就要看在那个时间这个机构是否存在。若存在，就不需要加上"原"字；若已经撤销，则需要加上"原"字。

如，"2017年12月，上海市人民政府法制办公室印发《关于认定行政规范性文件的指导意见》"。又如，"2019年，根据原农业部的要求，本市郊区基本退出麦子种植，继续扩大绿肥种植和冬季深耕"。

二、关于在某项工作、某项措施的后面，明确责任单位时的表达规范

如，"鼓励用人单位吸纳就业，……发挥社会组织吸纳就业、稳定就业和保障民生的作用。（市人力资源社会保障局、市教委、市民政局、市财政局按照职责分工负责）"。责任单位这样表达是正确的。也可以写成："鼓励用人单位吸纳就业，……发挥社会组织吸纳就业、稳定就业和保障民生的作用。（责任单位：市人力资源社会保障局、市教委、市民政局、市财政局）"也可以写成："鼓励用人单位吸纳就业，……发挥社会组织吸纳就业、稳定就业和保障民生的作用。（牵头单位：市人力资源社会保障局。责任单位：市教委、市民政局、市财政局。）"还可

以写成："鼓励用人单位吸纳就业，……发挥社会组织吸纳就业、稳定就业和保障民生的作用。（分别由市人力资源社会保障局、市教委、市民政局、市财政局负责）"一般不写成："鼓励用人单位吸纳就业，……发挥社会组织吸纳就业、稳定就业和保障民生的作用。（市人力资源社会保障局、市教委、市民政局、市财政局）"否则，读者会感到很突兀。

三、关于结尾语规范

常用公文如通知、请示、报告、纪要、函、批复，一般都有结尾语。它起着收束全文，或者提出要求、请求的作用。

通知的结尾语主要有："以上通知，请认真贯彻执行。""以上通知，请组织落实。""特此通知。"但不能写成："以上通知，请研究执行。""以上通知，敬请周知。"

请示的结尾语主要有："以上请示，请予批复。""以上请示，请示复。""以上当否，请批示。"但不能写成："特此请示。""以上请示，请审阅。""以上请示，请示。"

报告的结尾语主要有："特此报告。""以上报告，请审阅。""以上报告，如有不当，请指正。"但不能写成："情况就是这些，特此报告。""以上报告，请予批复。""以上报告，请予批示。""以上报告，请审批。"

纪要的结尾语主要有："会议最后要求……。""会议最后强调……。""会议号召……。"但不能写成："以上纪要，请认真执行。""以上纪要，请组织落实。""以上纪要，请及时传达。"

函的结尾语主要有："专此致函。""特此函告。""特此函复。""以上请予支持为盼。""以上当否，请予函复。""以上请予支持并盼复。"但不能写成："此致敬礼。""祝工作顺利。"

批复的结尾语只有一种："特此批复。"不能写成："以上批复，请予落实。"

（刊于2021年3月《上海机关动态》）

规范公文用语表述（下）

四、关于引用公文等文件标题规范

1．引用公文标题，要力求准确。

公文标题，通常由发文单位、事由、文种三要素组成。如：《国务院办公厅关于做好证明事项清理工作的通知》。又如：《中共上海市委、上海市人民政府关于新时代上海实施人才引领发展战略的若干意见》。再如：《上海市人民政府办公厅关于转发市教委等八部门制订的〈上海市特殊教育三年行动计划（2009－2011年）〉的通知》。

文件中引用公文标题，主要有三种方法。

一是完整引用。如："收到《国务院办公厅关于做好证明事项清理工作的通知》（国办发〔2018〕47号）后，我市认真开展证明事项清理工作，取得了良好效果。"

二是调整引用。如："要认真落实市委、市政府《关于新时代上海实施人才引领发展战略的若干意见》（沪委发〔2020〕22号），充分发挥国家和本市重点人才培养项目的引领示范作用。"

三是重点引用。如："根据市政府办公厅转发的市教委等八部门制订的《上海市特殊教育三年行动计划（2009－2011年）》

（沪府办发〔2009〕32号）要求，各区和各有关部门细化措施、积极工作，确保三年行动计划落实到位。"

但在实际工作中，也发现有的文件在引用公文标题时有欠缺。如："《国务院办公厅关于加快中医药特色发展若干政策措施》中，提出了建设国家中医药综合改革示范区等重要举措。"这句引用的公文标题，文种是"政策措施"，这是不可能的。经查，该公文标题是《国务院办公厅印发关于加快中医药特色发展若干政策措施的通知》，文种是"通知"，后来按此做了修改。又如："2020年6月，上海市民政局发出《上海市民政局关于鼓励社会组织吸纳大学生就业的通知》，对做好有关工作提出了具体要求。"这里，公文标题中的"上海市民政局"可以省略。这句后来改为："2020年6月，上海市民政局发出《关于鼓励社会组织吸纳大学生就业的通知》，对做好有关工作提出了具体要求。"再如："市政府办公厅在《上海全球著名体育城市建设纲要》中，提出了本市到2025年基本建成全球著名体育城市的目标。"从这句看，好像《上海全球著名体育城市建设纲要》是由市政府办公厅制定的，其实是由市政府办公厅印发的。这句后来改为："市政府办公厅印发的《上海全球著名体育城市建设纲要》，提出了本市到2025年基本建成全球著名体育城市的目标。"

2．引用带有拟制者的公文、非公文标题，在拟制者后面是否加"制订的"，要有所区分。

引用带有拟制者的公文标题，拟制者后面不加"制订的"

三个字；引用带有拟制者的非公文标题，后面要加"制订的"三个字。如："2020年12月29日，市政府办公厅转发市规划资源局《关于本市实施国土空间用途管制　加强耕地保护的若干意见》，自2021年2月1日起施行。"这里，因为转发的对象是公文，故在"市规划资源局"后面，不加"制订的"。又如："市政府同意市住房城乡建设管理委、市财政局制订的《上海市市级城市维护项目管理办法》，现转发给你们，请认真贯彻执行。"这里，因为转发的对象是非公文，故在"市住房城乡建设管理委、市财政局"后面，加上"制订的"。当然，这里的"制订"，不能写成"制定"。

五、关于几组词语规范

1."批转""转发""印发"有区别。

"批转"，是上级转发下级的文件。如：《上海市人民政府批转市住房城乡建设管理委、市财政局制订的〈上海市市级城市维护项目管理办法〉的通知》。

"转发"，是平级转发平级的文件，或者是下级转发上级的文件。如：《上海市人民政府办公厅转发市医保局、市教委、市财政局〈关于完善本市普通高等院校学生医疗保障制度实施意见〉的通知》。

"印发"，其对象主要是非公文。如：《中共上海市委办公厅　上海市人民政府办公厅印发〈关于全面推进政务公开工作的实施意见〉的通知》。其他公文一般不被"印发"，可以是被

"批转"，或者是被"转发"等。

2. "发布""发出""下发"有区别。

"发布"，一是指发布公文中的命令、决定、公告、通告以及通知等。如："为维护社会公共安全，确保进博会顺利进行，2020年9月18日、10月15日，上海市政府先后发布《关于第三届中国国际进口博览会期间实行临时价格干预措施的通告》《关于加强第三届中国国际进口博览会期间无人机等"低慢小"航空器安全管理的通告》《关于加强第三届中国国际进口博览会期间枪支弹药、爆炸、剧毒放射性、易制毒等危险物品安全管理的通告》《关于第三届中国国际进口博览会期间进一步加强乘坐公共交通工具安全检查的通告》。"二是指发布非公文中的规定、办法、细则、方案等。如："2017年3月，上海市政府发布《上海市行政协助管理办法（试行）》。"

"发出"，既可以指向不相隶属单位包括平级单位发文，也可以指向下级单位发文。如："2021年2月，中共上海市委办公厅、上海市政府办公厅发出《关于做好春节期间外来务工人员等留沪过年服务保障工作的通知》。"该通知主送单位为各区党委和政府，市委、市政府各部、委、办、局，各市级机关，各人民团体。又如："2012年11月，上海市物价局发出《关于车用液化石油气价格问题的通知》。"该通知主送单位为全市各车用液化石油气经营单位。

"下发"，只能是指向下级单位发文。如："2019年4月，上海市财政局下发《关于开展本市会计人员信息采集和管理有关事项的通知》。"该通知主送单位为各区财政局、市财政监督局。

3．"建立""成立"有区别。

"建立"，其对象一般是制度、规范、特定的会议等。如："2015年5月，上海市政府发文，要求建立健全本市政府购买服务制度。"又如：《上海市人民政府办公厅关于建立上海市促进房地产市场健康发展联席会议制度的通知》。

"成立"，其对象一般是机构、组织等。如：《上海市人民政府办公厅关于成立上海市能源工作领导小组的通知》。又如：《上海市人民政府办公厅关于成立上海市历史风貌区和优秀历史建筑保护委员会的通知》。

4．"上报""报上"有区别。

"上报""报上"的对象，一般都是文件、材料、报表、名单等。

"上报"，顾名思义，是指向上级报送。如："根据要求，我局制订了《"十四五"××××规划》，现上报市政府，请予批复。"

"报上"，既可以用于向上级报送，也可以用于向不相隶属单位包括平级单位报送，且多用于向不相隶属单位包括平级单位报送，表示礼貌、客气。如："根据来函要求，我局对《××××方案（征求意见稿）》作了修改，现报上，供贵局参考。"

六、关于地方立法表达规范

地方立法，包括地方人大及其常委会制定地方性法规和地方政府制定规章。地方性法规的文种，主要有条例、规定、办法、细则。规章的文种，主要有规定、办法、细则。有关地方立法的表达，一定要准确、清晰。

有一文件提及将就药品管理和化妆品管理进行地方立法，原文这样表达："要按照法定程序，推动《××市药品管理条例》制定，推进化妆品地方规章立法，构建有利于加快生物医药产业发展的地方性法规规章体系。"其中，"推进化妆品地方规章立法"令人费解，后来将其改为"推进化妆品管理方面的规章制定"。

常言道，没有规矩，不成方圆。也可以说，没有规范，难成精品。我们要在规范公文用语表述上多下功夫，这也是确保公文高质量、高水平，更好发挥公文作用的一个重要方面。

（刊于2021年4月《上海机关动态》）

用心写请示，用情作批复

请示作为上行文，适用于报请上级对某项工作安排、某个问题处理、某个突发情况处置做出指示，对某个文件、会议、活动、项目等予以批准。批复作为下行文，适用于答复下级机关请示事项。

在党政机关15种公文中，请示与批复相对应，它们也是唯一的一组相对应的公文。就是说，有请示必有批复；或者说，有请示必有回音。

写请示，要用心，努力把请求上级指示、批准的事项说清楚、讲明白，以达到行文的目的。就像《文心雕龙》所说："夫心生而言立，言立而文明。"其大意是，有了思想、想法，就能产生出语言；有了语言，就会有文章辞采。

作批复，要用情，充分理解下级的请求，尽可能帮助下级解决问题，以达到行文的效果。就像《文心雕龙》所说："夫情动而言形，理发而文见。"其大意是，情感的触动往往会用言语来表达，理智的激发往往会用文字来表现。

一

就正文而言，请示一般写四个部分。第一，起因。包括背景、由来等。第二，事由和理由。第三，请示事项。第四，结尾语。如："以上请示，请予批复。"

写好请示，要注意六点。

一是坚持"一文一事"。"一文一事"，是请示的一大特点。一个单位，如果有改造办公用房、建立执法队伍、转发一个文件等三个不相关联的事项报请上级审批，就要报三个请示。

二是写明理由或者理据。请示需要上级指示或者批准，必须理由或者理据比较充分，以便取得上级的支持、同意。有一请求上级批准实施一项重大项目的请示，开头讲实施这项重大项目的目的，一笔带过。接着，用了很大篇幅讲实施这项重大项目的具体考虑，包括实施主体、实施时间、实施监管单位、实施所需资金及其来源等。最后是结尾语。至于实施这项重大项目的重要性、必要性或者产生的经济、社会效益，反而未着笔墨。这让上级如何作出决策呢？

三是不能超越上级的审批权限和承受能力。有的事项，不在上级的审批权限之内；有的要求，上级无法予以满足。作为报文单位，也要"换位思考"，不要给上级出难题。

四是注重用语准确。有一请示，是请求上级批准开展一项活动，但文中写道："我们决定在今年10月下旬开展……活动，现将有关事项请示如下。"既然是请示，怎么能用"我们决定……"？这句应改成："我们拟在今年10月下旬开展……活动，现将有关事项请示如下。"还有一请示，是请求上级同意本单位邀请某外宾前来参加一个国际论坛，文中写道："邀请某外宾前来参加这一国际论坛，肯定有助于扩大这一国际论坛的影响力，积极应对投资领域面临的新挑战，更好促进经济可持续发展，为此，我们建议予以同意。"这样的表达，有点生硬和绝对，难以得到上级的认可。后来改为："考虑到邀请某外宾前来参加这一国际论坛，有助于扩大这一国际论坛的影响力，积极应对投资领域面临的新挑战，更好地促进经济可持续发展，为此，我们建议予以同意。"

五是讲求逻辑关系。有一请求批准开展一项扩大开放综合试点的请示初稿，第一部分，介绍了扩大开放综合试点的背景和由来。第二部分，分成"一、开展这项综合试点的重要意义""二、开展这项综合试点的良好基础""三、开展这项综合试点的具体设想""四、开展这项综合试点的请示事项"这四点来叙述。第三部分，是结尾语。在第二部分中，前三点是并列关系，而第四点与前三点不并列，其内容是对前三点内容的归总和兜底，应单独成为第三部分，原第三部分则成为第四部分。后来按此作了修改。

六是用好结尾语。请示的结尾语，常写成："以上请示，请予批复。"此外，还有："以上请示，请审批。""以上当否，请批示。""以上请示，请示复。"但有的却是错写结尾语。如有的写成："特此请示。"这样写，漏掉"请予批复"，就等于放弃了报文者的最后请求。也有的写成："以上请示，请审阅。"请示是报请上级审批，故"审阅"应改成"审批"。也有的写成："以上请示，如有不当，请批复。"请示不管是否妥当，上级都要批复，这里应删去"如有不当"。也有的写成："以上请示，请示。"前面的"请示"是说报文者的请示内容，后面的"请示"意思是请上级批示，前后概念不一致，必须将后面的"请示"改成"请予批示"。

二

就正文而言，批复可以写三个部分。第一，收文情况。如，"你们《关于……的请示》收悉。"第二，批复意见。通常分为"同意""原则同意""不同意"这三种。第三，结尾语。如，"特此批复"。也可以写四个部分。第一，收文情况。第二，批复意见。第三，补充要求。如，"希望你们……"。第四，结尾语。

作好批复，要做到"五个不"。

一是不没头没脑。有一批复代拟稿，开头写道："经研究，市政府同意你们举办2016年经济贸易论坛。……"这会使读者感到突兀，批复是针对请示而来，没有请示，何来批复？显然，这里漏掉了收文情况。后来修改为："你们《关于举办2016年经济贸易论坛的请示》收悉。经研究，市政府同意你们举办2016年经济贸易论坛。……"

二是不东扯西拉。如，A单位向上级上报请示，尽管里面提到的事项涉及B单位，但上级还是应批复给A单位。然而，有的批复却将A单位、B单位同时列为主送单位。收到批复后，B单位一定会觉得奇怪，因为自己并没有与A单位一道向上级请示。如果确实要让B单位知晓，可以将B单位列为抄送单位。还有，A单位向上级上报请示，上级在批复中如果提出补充要求，应只对A单位而言。即使涉及B单位，最好也不要直接对B单位提要求，可以通过对A单位提要求，把B单位带进来，这样既不违反常理，也比较有艺术。如某区政府就撤销两个街道办事处、组成一个新的街道办事处，向市政府上报请示。市政府作出批复给该区政府，同意撤销两个街道办事处、组成一个新的街道办事处。由于此事与市民政局有关，批复中提出："希望你们在市民政局的指导和支持下，切实做好工作，确保两个街道办事处撤并平稳有序进行。"虽然这是直接对该区政府提要求，但也巧妙地、间接地对市民政局提了要求。

三是不照搬来文。有的批复，不管是在批复意见中，还是在补充要求中，都大段地照搬请示内容，这大可不必。上级批复给下级，应站得高、看得远，提纲挈领、点到为止，且具有一定的"含金量"。批复可以摘录请示内容，但要适度。如果有的意思在请示中已完整表达，批复再复述一遍，就失去了意义。特别是补充要求，要有很强的针对性、指示性。话不在长，而在于精；言不在多，而在于准。要让受文单位读了批复后，感到有方向、好操作。

四是不混淆概念。如"同意"与"原则同意"，就是两个不同概念。"同意"，是指完全认可；"原则同意"，是指部分认可，部分保留，需要再作研究或者完善。有一批复，标题为《××市××局关于同意××高新技术产业开发区空间调整方案的批复》，但正文的批复意见这样写道："经研究，原则同意××高新技术产业开发区空间调整方案，请会同有关单位作进一步修改完善后，自行印发实施。"标题使用的是"同意"，而正文的批复意见使用的却是"原则同意"，且要求受文单位会同有关单位对方案作进一步修改完善，经比较、分析，用"原则同意"是对的，标题应改为《××市××局关于原则同意××高新技术产业开发区空间调整方案的批复》，其中"原则"二字不能省略。

五是不画蛇添足。这主要表现在结尾语中，批复的结尾语通常只有一种，"特此批复"。而有的结尾语却这样写："以上批复，请按照执行。"这就是画蛇添足。"特此批复"，短短四个字，一切尽在不言中，受文单位也知道，必须按照执行或者办理，没有必要重复说明。

（刊于2021年5月《上海机关动态》）

借鉴往事，书写新篇

　　1951年6月6日，根据毛泽东同志在审阅中央一份关于公文中文字问题的指示稿时所作的批示精神，《人民日报》在头版发表社论《正确地使用祖国的语言，为语言的纯洁和健康而斗争！》。同时，开始连载语言学家吕叔湘、朱德熙先生的《语法修辞讲话》，到12月15日结束，共连载45次。这在全国引起了很大的反响，各级机关形成了防止语言差错、提高公文质量的氛围，各地掀起了普及语文知识、规范语言应用的热潮。第二年，《语法修辞讲话》出版单行本，以后又几次修订、再版。《语法修辞讲话》被评价为"是一部影响较大的比较系统的规范性语法修辞专著"。

　　《人民日报》社论发表和《语法修辞讲话》连载，到2021年正好是70周年。回顾这段往事，重温经典之作，我们可以进一步感受到毛泽东同志对公文质量的高度重视，正是毛泽东同志作出批示，才有《人民日报》社论和《语法修辞讲话》的问世；可以进一步感受到吕叔湘、朱德熙先生的丰厚学养，《语法修辞讲话》文风朴素、通俗易懂，结构严谨、重点突出，阐释深刻、举例恰当，具有很强的现实性、针对性和实用性；可以进一步感受到各级机关和人民群众的学习热情，很多机关加强培训、建立制度、落实责任，努力把好公文质量关，不少学校将《语法修辞讲话》作为教学参考资料，很多群众关注、阅读《人民日报》上的连载，提升自身语言文字修养。

70年过去了，但加强语言文字规范化建设，助力国家文化软实力不断提升，仍是当前一项重要工作、重要任务。作为机关工作人员，我们要以习近平新时代中国特色社会主义思想为指导，牢记使命担当，强化履职尽责，提高语言文字修养，提升语言文字应用能力，确保公文质量，推动语言文字事业更好地服务国家发展大局。

读到2021年6月20日《光明日报》上的一篇文章《正确使用祖国语言文字，共建健康语文生活》。文章指出，当下"编校质量不高的报刊、书籍及党政机关、企事业单位公文上的不规范、不严谨现象有所抬头；机械复制套用的各种文章模版，如讲话、计划、总结、心得、作文等大行其道，空话套话流行，很多青少年语言规范意识淡漠，作文滥用不规范'网络词语'，不会正确使用标点符号；包含错别字甚至荒唐语句的问题标语屡见于公众视野……其中所反映的语文素养、语用心态、文风语德都令人担忧"。这些问题，需要引起广泛注意，切实加以纠正。特别是机关公文，乃"为政之先要"，对落实方针政策、部署开展工作、请示报告事项、反馈情况信息、协调解决矛盾、加强联系沟通、办理日常公务等，都有着很大的作用。无论是起草还是审核，都要慎之又慎，尽心尽力。为此，可以从两方面作出努力。

一方面，继续加强学习。2015年初，习近平总书记在为第四批全国干部学习培训教材所作的《序言》中强调，要"以时不我待的精神，一刻不停增强本领"。2021年是中国共产党成立100周年，是"十四五"规划开局之年，是全面建设社会主义现代化国家新征程起步之年。站在"两个一百年"奋斗目标的历史交汇点，踏上新的奋进之路，我们要弘扬光荣传统，赓续红色血脉，奋力拼搏、忘我工作，无私奉献、不负人民。要继续加强学习，深入学习马克思列宁主义、毛泽东思想、邓小平理论、"三个代表"重要思想、科学发展观、习近平新时代中国特色社会主义思想，深入学习习近平总书记考察上海重要讲话精神和在浦东开发开放30周年庆祝大会上重要讲话精神，在思想上、政治上、行动上同以习近平同志为核心的党中央保持高度一致，时刻把党和人民的事业放在心中最高位置，不断增强政治判断力、政治领悟力、政治执行力。要深入学习党史、新中国史、改革开放史、社会主义发展史，做到学史明理、学史增信、学史崇德、学史力行，坚定理想信念，创造性地开展工作。在制发的公文中，要全面体现中央精神和市委、市政府部署，使之符合领导意图，顺应形势发展，满足群众和社会需求。还要学习业务知识和写作知识，通过阅读《语法修辞讲话》以及其他有关著作，遵循规律，端正文风，培养语感，把握《语法修辞讲话》中倡导的"爱护我们的语言""写文章就要处处为读者打算""第一要明确……其次要简洁……又其次要生动……"的要义,并熟悉结构、语义、表达、标点规范,"养成鉴别好和坏、正和误的能力"。

另一方面,严格履行责任。2014年5月8日,习近平总书记在视察中共中央办公厅并同中共中央办公厅各单位班子成员和干部职工代表座谈时发表重要讲话。习近平总书记强调:"要牢记'天下大事必作于细''慎易以避难,敬细以远大'的道理,无论办文办会办事,都要一丝不苟、严谨细致、精益求精,于细微之处见精神,在细节之间显水平。"平时起草、审核文稿,要认真贯彻落实习近平总书记的要求,倾情投入,细之又细。这方面,很多机关、很多工作人员做得十分到位,所制发的公文结构严谨、逻辑自洽,主题集中、重点突出,遣词造句准确,文字标点精当,得到了领导的肯定和社会的好评。但也要看到,仍有少数文稿还有瑕疵,《语法修辞讲话》中指出的逻辑混乱、歧义费解、堆砌重复、烦冗苟简、层次不清等毛病依然存在。这些问题,不完全是能力问题,也有的是态度问题,就是缺乏严谨、细致的态度,马马虎虎、粗心大意,只求过得去,不求过得硬。正如孟子所说,"是不为也,非不能也"。这里,不妨列举文稿中的例子。

例1.××局会同××局联合研究制订并共同下发《关于做好……工作的通知》,对做好……工作提出了四项措施。

例2.计划在地铁、公交站台、火车站、机场、客运码头等公众时常能够看的到、听的见、摸的着的场所，加强……的宣传。

例3. 目前，全市现有大型农产品批发市场近10家。

例1中，"××局会同××局联合研究制订并共同下发"这个表述既重复，又烦冗。"会同"与"联合""共同"都是同一个意思，需要删去"联合""共同"；"研究制订"是个过程，没有必要交代。这句应改为："××局会同××局下发《关于做好……工作的通知》，对做好……工作提出了四项措施。"例2中，"看的到、听的见、摸的着"中"的"应改为"得"。"得"是补语标志，它跟在动词或形容词的后面，补充动作或形容的结果。同时，说"摸得着的场所"不确切。这句应改为："计划在地铁、公交站台、火车站、机场、客运码头等公众时常能够看得到、听得见的场所，加强……的宣传。"例3中，既然已讲"目前"，再讲"现有"，这又是重复，"现有"应改为"共有"。

上述三例中的舛误，如果仔细看、仔细想，是可以发现和避免的。起草、审核、签发、复核等环节都要切实负起责任，这样才能及时发现并改正问题。2021年5月，市政府办公厅发出《关于进一步规范报送程序提高文件简报质量的通知》，其中有个规定，报市政府的文件由各区、各部门主要负责人签发，并注明经办人、审核人和联系方式。这给各机关增加了压力，但更增加了动力。由此想到，在提高写作水平、打造精品佳作上，也需要营造"比学赶超"的氛围。

"凡是过去,皆为序章。"我们要借鉴往事,苦练内功,奋发进取,为推进语言文字工作治理体系和治理能力现代化,为提高公文质量和水准,书写新的篇章。

(刊于2021年6月《上海机关动态》)

吃一堑，长一智

　　前不久，一个地方发出的通知中，将"湖南省张家界市"写成"湖北省张家界市"，当即引发社会反响，一些读者和网友纷纷提出批评。随后，该地方发出致歉信，称由于工作疏忽，"误将湖南省张家界市写成湖北省"，但却遭致更多读者和网友的批评。人所皆知，著名的风景区张家界位于湖南省，而通知却将其"划入"湖北省，这属于地理常识错误；应该是"误将湖南省张家界市写成湖北省张家界市"，而致歉信却写成"误将湖南省张家界市写成湖北省"，这属于语法逻辑错误。连续出现明显差错，委实太轻忽、太大意了。可以说，这些差错伤害了公文的权威性，干扰了工作的开展，影响了机关的形象，也牵扯了领导的精力。这里，不由得想到西方一句谚语："少了一枚铁钉，掉了一只马掌；掉了一只马掌，失去一匹战马；失去一匹战马，败了一场战役。"

　　毛泽东同志说过："错误和挫折教训了我们，使我们比较地聪明起来了，我们的事情就办得好一些。"作为同行，再提上述问题绝非"雪上加霜"，而是说有关问题值得反思，个中教训值得吸取，要"吃一堑，长一智"，以利今后做好工作，不负时代

147

重托和人民群众期望。

提高认识，严防差错

公文是机关实施领导、履行职能、处理公务、服务社会的重要载体和工具。公文的性质，决定了其不能有差错。否则，实际应用会产生偏差，执行效果会大打折扣，社会各方都难以容忍。这方面，有必要进一步统一思想，提高认识。

在机关工作，接触较多的就是公文，或者是阅读，或者是办理，或者是拟写。阅读，要准确把握精神；办理，要及时落实到位；拟写，要按时按质完成。特别是拟写，要花更多的力气，下更大的功夫，使"作品"提高站位，聚焦重点、突出主题、讲求逻辑、完善表述，从而符合领导要求，适应形势发展，紧跟前进步伐。

2014年5月8日，习近平总书记在视察中共中央办公厅并同中办各单位班子成员和干部职工代表座谈时发表的重要讲话中强调："中办工作无小事，常常是大事要事交织、急事难事叠加，任何思想上的麻痹松懈、行为上的偏差纰漏都可能影响工作运转，甚至影响大局。因此，恪尽职守、认真负责既是做好中办工作的必然要求，也是中办同志必须具备的基本素质。"习近平总书记的讲话非常重要，我们在日常工作中、在公文写作中，要牢记在心。要将"恪尽职守、认真负责"作为座右铭，时时提醒自己，处处鞭策自己。

据陈毅传记作品载，解放后上海市首任市长陈毅在一次干部会上说："打仗要下命令，签署作战计划；做经济工作要审批开支。指挥员和领导者提笔签字时，手往往发抖，因为那关系到战争的胜负、战士的生命和建设的成败。"后来有人撰文，用"陈毅签字手发抖"来形容作为一个千军万马的指挥员和特大城市的领导者，对待文件签发、要事签批的一种特有的态度和作为，这就是敬畏、戒惧。如今我们起草、制作公文，也要有这种态度和作为。要极其审慎、精心动笔，确保质量、严防差错，切忌"信马由缰"、粗枝大叶。

结合实际，可以发现，一些公文代拟稿、送审稿不时存在着常识性、基础性的差错。如，有的将某个地块的四至范围（即东西南北四个方向的界线）中的"东至""西至"写颠倒，好像"无问西东"；有的将某个人的名字"杨某某"写成"扬某某"，造成"姓氏变更"；有的将"1978年改革开放以来"，写成"1976年改革开放以来"，发生时间误差；有的将"上海位于长江下游和太湖流域"，写成"上海位于长江和太湖流域下游"，产生概念歧义。这些差错，好在都已经纠正，不然，一旦随着公文发出去，同样会引起轩然大波。

曾听到一种讲法，"常在河边走，哪能不湿鞋"，经常拟文稿，差错总会有。这种讲法，有其合理之处，毕竟"人非圣贤，孰能无过"，但也不能将此当作自我原谅、推卸责任的借口。明显的差错，应该严加防范，也不难防范，如果发生，就要迅速找出根源，抓紧"亡羊补牢"，以避免差错接二连三出现。

道道把关，堵塞漏洞

公文写作是一项严谨的工作，也是一项系统工程。按照中共中央办公厅、国务院办公厅印发的《党政机关公文处理工作条例》，公文从拟制、办理到发出，共有七道程序，即起草、审核、签发、复核、登记、印制、核发。这七道程序都有具体的要求和规定。如，在起草程序，有一要求是做到"表述准确，文字精炼"。在审核程序，明确有一审核重点是"人名、地名、时间、数字、段落顺序、引文等是否准确"。在签发程序，明确"公文应当经本机关负责人审批签发。重要公文和上行文由机关主要负责人签发"。在复核程序，提出"已经发文机关负责人签批的公文，印发前应当对公文的审批手续、内容、文种、格式等进行复核"。在核发程序，提出"公文印制完毕，应当对公文的文字、格式和印刷质量进行检查后分发"。这些程序，是环节，也是关口。一道环节，就是一道关口。应该是每道环节切实负责，每道关口严格把关，这也是规范、规则。遵守规范、规则，就能有效地防止病文产生。追溯公文差错，往往就是程序出了问题。有的是越过正常的程序，导致关口减少；有的虽然是按照程序办，但在若干环节上，未能忠于职守、认真履责。上述通知和致歉信出现问题，其症结也不例外。

修炼内功，克服短板

公文不出常识性、基础性的差错，这只是底线。从更广的视野、更高的层面来看，公文必须做到内容集中、重点聚焦，结构紧密、眉目清晰，材料翔实、举措可行，语意周全、表述简洁，用语准确、标点妥帖，能够便于理解、办理和操作、执行，能够经得起社会的评判和历史的检验。要达到这样的目标，需要我们修炼内功、扩大内存，在加强读书学习、积极实践锻炼的同时，注重日常积累和总结反思；需要我们发挥强项、克服短板，在充分利用自身优势、施展专业本领的同时，针对存在不足，进行营养补充。

2021年第15期《南风窗》杂志刊登了一篇采访文章《写作不是一件小事——专访中山大学政治与公共事务管理学院教授刘军强》，文章写道："说理写作背后是一套复杂的思维能力：敏锐的观察和提问能力、资料搜集与消化能力、抽茧剥丝的分析与论证能力、化无形为有形的整合能力、以读者为中心的共情和沟通能力。这些能力对个人生活和职业生涯的竞争力有很强的外溢效果。"就公文写作而言，也体现着这些能力。提升这些能力，当为我们的一个努力方向和途径。

2021年5月30日《文汇报》载文介绍，现为《咬文嚼字》杂志"特约校读"、上海交通大学出版社退休编辑陈以鸿，对文字有着精纯的理解和把握，他经常撰写短文，指出一些报纸杂志文章中出现的文字错误。《咬文嚼字》杂志创刊十周年时他作贺诗一首："咬定牙关不放松，文章得失贯心中。嚼须子细方知味，字字求精句句工。"这里的"子细"出自古文，意思是谨慎、小心。公文不同于其他文章，对文字要求尤其严格，甚至达到"苛刻"的程度，"字字求精句句工"更是题中应有之义。我们应当向前辈学习，不断提升文字修养，打牢文字功底。

(刊于2021年9月《上海机关动态》)

潜心笔耕，担当作为

　　2021年10月1日，迎来中华人民共和国72华诞。大江南北，彩旗与歌声飞扬；浦江两岸，鲜花与笑容绽放。72载光阴荏苒，72载事业辉煌。72年来，中国共产党带领全国各族人民团结奋斗、顽强拼搏，各方面都取得了举世瞩目的成就，我国如期实现了全面建设小康社会的第一个百年奋斗目标，开启了全面建设社会主义现代化国家的新征程。正如习近平总书记深刻指出的："中华民族迎来了从站起来、富起来到强起来的伟大飞跃，实现中华民族伟大复兴进入了不可逆转的历史进程。"在党中央的坚强领导下，上海与祖国同行、与时代同步，各领域都发生了翻天覆地的变化，改革开放不断扩大，经济社会稳步发展，人民生活显著改善，城市面貌焕然一新。在实施和服务国家战略中，上海发挥了重要作用。

　　在欢度国庆的日子里，不由得想起俄国作家果戈里说过的一句话："为了国家的利益，使自己的一生变为有用的一生，纵然只能效绵薄之力，我也会热血沸腾。"身处机关，重任在肩；手中之笔，分量千钧；报效祖国，激情洋溢。写出优质公文文稿，当好领导参谋助手，更好地服务群众、造福社会，是我们的应尽职责。我们要潜心笔耕，担当作为。

第一，要坚定志向，不负使命。

3个月前，我们刚刚庆祝中国共产党成立100周年。习近平总书记在庆祝建党100周年大会上的重要讲话中指出："一百年前，中国共产党的先驱们创建了中国共产党，形成了坚持真理、坚守理想，践行初心、担当使命，不怕牺牲、英勇斗争，对党忠诚、不负人民的伟大建党精神，这是中国共产党的精神之源。"上海是中国共产党的诞生地和初心始发地，也是伟大建党精神的发源地。工作、生活在这座城市，我们更要弘扬伟大建党精神，传承红色基因，赓续红色血脉。要增强"四个意识"，坚定"四个自信"，做到"两个维护"，牢记"国之大者"，在新时代的长征路上砥砺前行，为全面建设社会主义现代化国家作出应有贡献。

在2021年6月29日党中央举行的"七一勋章"颁授仪式上，习近平总书记亲自为"七一勋章"获得者颁授勋章。他们当中，有革命时期出生入死的战斗英雄、支前模范，有建设时期、改革开放时期开拓进取的时代楷模、先进人物。习近平总书记强调："'七一勋章'获得者都来自人民、植根人民，是立足本职、默默奉献的平凡英雄。他们的事迹可学可做，他们的精神可追可及。"伟大出自平凡，平凡造就伟大。我们要像他们那样，坚定理想信念，践行初心使命，脚踏实地，埋头苦干，努力在平凡岗位上创造不平凡的业绩。

第二，要积极投入，不辞辛苦。

在机关，几乎每天都与公文和其他文书打交道，包括起草、审核，办理、落实。这些，看似寻常，却很重要，也很辛苦。公文是各级机关实施领导、履行职能、处理公务、加强联系、开展宣传的主要载体和有效工具，它体现了鲜明的政策性、法定的权威性、严格的规范性、很强的实用性。正可谓，一文一篇有乾坤，一字一句总关情。因此，无论是起草还是审核，都要以极端认真、极端负责的态度来对待和完成。要花大力气，下苦功夫，绝不可草草了事，匆匆交稿。

2021年也是"十四五"规划开局之年。为了加快上海"五个中心"建设，促进经济社会高质量发展，更好服务全国改革开放大局，依据《上海市国民经济和社会发展第十四个五年规划和二〇三五年远景目标纲要》，本市编制、出台了40多项"十四五"市级规划，如，《上海国际金融中心建设"十四五"规划》《"十四五"时期提升上海国际贸易中心能级规划》《上海国际航运中心建设"十四五"规划》《上海市建设具有全球影响力的科技创新中心"十四五"规划》《上海市住房发展"十四五"规划》《上海市教育发展"十四五"规划》《上海市基本公共服务"十四五"规划》，等等。这些市级规划，有情况回顾和经验总结，有面临的形势和未来的展望，有"十四五"时期发展的指导思想、主要目标和基本原则，有重点任务和具体工作安排，也有规划实施的保障措施。

从开展调查研究、广泛听取建议到汇总分析材料、深入进行讨论，从拟订大纲、动笔起草到反复修改，从形成初稿、征求意见到领导审签、正式印发，各有关部门、单位的同志付出了很多心血，凝聚着集体的智慧，各方反响很好。这也是大家积极投入、不辞辛苦的生动范例，值得点赞。

写作是辛苦的，也是光荣的。看到拟就的公文在传达上级指示和领导要求，部署重点工作，协调解决问题和办理事项，反映群众呼声和社会关切等方面发挥着很大作用，我们就会觉得，写作是一种满足和高兴。

第三，要注重积累，不断提高。

这种积累，一方面是学习的积累。学习是基础，学习很关键。要深入学习习近平新时代中国特色社会主义思想，学习党的基本路线、方针和政策，深刻领会中国共产党为什么能、马克思主义为什么行、中国特色社会主义为什么好，始终在政治立场、政治方向、政治原则、政治道路上与党中央保持高度一致，时刻把人民放在心中最高位置，把人民对美好生活的向往作为奋斗目标。同时，要认真学习各方面知识，从学习中不断汲取养分和力量，并把所学所获融入到公文的起草、审核，以及办理、落实中。

另一方面，是实践的积累。实践出真知，实践长才干。每次起草、审核公文，都是一次锻炼的机会，要十分珍惜。公文讲求高度，必须提高站位；讲求精度，必须准确施策；讲求力度，必须确保实效；讲求规范，必须表达无误。行文要朝着这个方向努力。在平时的工作中，要善于观察、领悟，善于总结、反思，善于纠错、改进。这些归结到一点，就是注重积累。2021年9月1日《光明日报》登载的《茅盾：闯出广阔而深邃的现实主义道路》一文中写道："很少有现代作家能像茅盾那样，从踏上文学之路开始，就有着深厚而独到的生活积累，这使得他提笔书写相关的人物、故事时，很多细节和场景自然而然地浮现出来。"生活的积累，成为茅盾作品蜚声文坛的一大因素；写作的积累，能够成为我们提高文字水平的一个途径。前不久，一单位就举办某个论坛报上级审批，有关人员起草了请示初稿。初稿开头，叙述了举办论坛的目的和意义。中间，分别叙述了举办论坛的背景、目的、意义和作用，论坛所需的资金安排，论坛的由来、准备工作情况、具体安排和主要内容，论坛邀请的嘉宾范围。最后，请求上级予以批复。仔细审核，此初稿结构有点混乱，内容有点重复，一些地方表达得不够确切。后来将其修改为：开头，叙述举办论坛的背景和目的。中间，分别叙述论坛的作用，论坛邀请的嘉宾范围，论坛的主要内容和具体安排，论坛所需的资金安排。最后，请求上级予以批复。与此同时，一些地方表达也做了调整和删削。修改后的请示，就比较完善。此番过程和类似经历，蕴含着成功和波折，我们要注意加以积累，这对不断提升写作能力大有裨益。

（刊于2021年10月《机关动态》）

开展培训、竞赛，促进学习、提高

2021年9月初，由市级机关工作党委和团市委、市人力资源社会保障局等单位联合主办，市级机关团工委具体承办的"2021年上海机关青年公文写作比赛"拉开序幕。这次比赛作为"奋斗杯"上海市第二届青年技能大赛市级机关单位赛区项目，包含初赛、决赛两部分，旨在"以赛促学"和"以赛聚力"，实现"让最广泛的青年参与学习"和"让最优秀的苗子脱颖而出"这两个目标，助力培养和举荐青年才俊，提升党政机关公文质量和工作水平。

比赛活动得到了全市各级党政机关领导的重视和支持，广大青年干部积极响应并踊跃参与。据"上海机关党建平台"微信公众号发布的信息，共有来自全市100多家单位的1.21万名选手参加线上初赛，累计答题6万余人次，并不断刷新比赛成绩纪录；20余家单位根据比赛活动指引，举办线下分赛区比赛，1000余名选手参加线下初赛。最终，获得线上初赛成绩前100名以及线下分赛区成绩前3名的选手进入决赛。10月28日下午，在市委党校举行了决赛。赛后，市级机关团工委邀请全市公文写作相关专家、学者、领导组成阅卷组，完成阅卷评选等工作。获奖选手将统一纳入"上海青年技能人才库"，并对接市级"奋斗杯"比赛奖励序列，由"奋斗杯"上海市第二届青年技能大赛组委会各单位联合颁发证书。

目前来看，比赛活动已经取得成功，社会反响很好。回顾有关情况，总结有关做法，对今后大有裨益。

一

为了帮助广大青年干部进一步提高公文写作水平，2021年9月16日至28日，市级机关团工委连续举办5期"公文写作大讲堂"，先后邀请来自市委办公厅、市政府办公厅、市委党校的3位同志授课，受到了广大青年干部的欢迎，共有500余人参加现场听讲、7000多人次收看直播或录播。许多单位组织相关处室集中收看直播，有的还邀请授课同志举办专场讲座，这在全市范围内掀起了学习公文知识、增强工作本领、改进作风文风的热潮，形成了比学赶超的浓厚氛围。

授课以及讲座依据中共中央办公厅、国务院办公厅印发的《党政机关公文处理工作条例》，重点围绕公文种类和适用范围、公文格式、几组公文区别、公文质量重要性及其标准、写作要领和常用公文写法、写作基础知识、公文常见问题解析、公文处理程序和行文规则、提高写作水平途径等方面展开。

青年干部普遍反映，授课和讲座内容丰富，切合需求，听后收获很大，弄清了一些困惑的问题，找到了解决问题的办法，坚定了写好公文、做好工作，当好领导参谋助手的决心和信心。

二

10月28日的决赛，采取书面闭卷考试的方式进行。试题分为客观题和主观题两部分，分值各占35%和65%。其中，客观题包括判断、单选、多选题；主观题为写作题，就给定的材料，起草一篇公文即通知。决赛时长3个小时，不少选手奋战到最后一分钟。大家全神贯注、认真答题，特别是精心构思、起草文章的情景，令人感动和难忘。不少选手说，已经很久没有参加过难度、强度如此之高的比赛了，"仿佛回到了高考"，这是对自己写作能力和工作实力的一次检阅，也促使自己今后不断努力。

客观题主要是考查对公文基本情况和写作要领的把握。这部分答题总体可以。

主观题主要是考查书面表达和语言文字运用能力。给定的材料大致为：前不久，××市××局就上半年工作情况向上级呈报了一报告，但因格式、内容、文字上存在较多问题，被上级退文。对此，该局十分重视，局长办公会议作了专门研究，找出了问题症结。会议提出，要深入学习、贯彻落实习近平总书记关于文风要"短、实、新"的重要指示，严格执行中共中央办公厅、国务院办公厅印发的《党政机关公文处理工作条例》，按照市政府的要求，及时整改存在的问题，并以该局的名义，就确保公文质量、提高办事效率向局机关和局属各单位下发一通知。要求根据此材料代拟，包括：大标题，主送单位，正文，落款，成文日期。全文1500字左右。

该通知的大标题应该是"××市××局关于确保公文质量提高办事效率的通知"，主送单位应该是"局机关、局属各单位："，落款应该是"××市××局"，成文日期应该是"2021年××月××日"。

通知的正文，是写作重点。"作文之道，构思为先。"其正文可以写三部分：一是总说。包括背景、目的、依据、过渡语。二是通知事项。可以分"一、二、三、四、……"进行叙述。三是结尾语。

这部分答题总体也是好的，一些选手得了高分，他们的拟写做到了标题完整、不缺要素，结构和层次比较合理，内容比较充实，表述和文字、标点基本无误。未得高分的主要原因是：有的把通知写成了"印发××××方案"的通知；有的抛开给定材料，另起炉灶；有的逻辑结构不清；有的语句啰唆，甚至还有错别字。这也说明，公文写作并非易事，要继续花大力气、下苦功夫。

三

这次比赛活动，搭建了一个开展培训、竞赛，促进学习、提高的平台，推动了各单位公文质量和工作水平提升，也推动了青年干部成长成才。由此想到两点。

第一，要加强学习培训。习近平总书记对学习培训高度重视，2015年、2019年分别为第四批、第五批全国干部学习培训教材作序言。在第四批全国干部学习培训教材的序言中，习近平总书记指出：要"以时不我待的精神，一刻不停增强本领"。在第五批全国干部学习培训教材的序言中，习近平总书记指出："善于学习，就是善于进步。党的历史经验和现实发展都告诉我们，没有全党大学习，没有干部大培训，就没有事业大发展。"要进一步贯彻落实习近平总书记要求，加强学习培训，这对提高干部队伍素质，促进经济社会高质量发展极为重要。各单位可以通过各种形式，继续开展学习培训。或者委托党校、行政学院办班，或者在本机关、单位举办讲座，或者举办读书活动，或者组织写作比武，等等。学习培训既包括政治理论、业务知识，也包括人文素养、写作知识。要结合实际，突出重点，讲求针对性、实用性、有效性。围绕增强写作能力、适应工作需要，2018年10月至12月、2019年10月至2020年1月市委宣传部机关先后连续举办3次和6次培训，2019年6月市政府办公厅机关连续举办4次培训，培训后都进行了考试，并明确考试成绩作为干部选拔任用的衡量标准之一，很有效果，有关经验值得推广。

第二，要激发内生动力。随着形势飞速发展，对机关干部也提出了更新、更高的要求。为了不负使命，不负重托，我们要

"闻鸡起舞""枕戈待旦""朝乾夕惕"。要坚定理想信念，保持奋发向上劲头，坚持刻苦学习，练就过硬功夫，以丰赡腹笥、宏阔视野，写出一篇篇优质作品，更好地服务领导、服务群众、服务社会。前不久，国务院批复同意将安徽省桐城市列为国家历史文化名城。有句老话，"天下文章出桐城"。清朝以刘大櫆、方苞、姚鼐为代表的"桐城派"讲义法、重神气，倡导言之有物、言之有序，主张文章于世有补、于人有益，这对当下公文写作也有积极意义和借鉴之处。如何使文件尤其是公文政治站位较高，内容表述明晰，语言文字精炼，各项举措可行，这应该是写作的着力点，也是发挥文件效用、体现以文辅政的关键点，需要多思考、多实践，这样才能有进步、有提高。

（刊于2021年11月《上海机关动态》）

防止"躺平"，不懈前行

前不久，《咬文嚼字》编辑部发布2021年十大流行语，"躺平"列入其中。《咬文嚼字》编辑部解释："躺平"本指平卧，引申指休息。如今不少人口头挂着的"躺平"，多指一种"不作为""不反抗""不努力"的生活态度，以此为生活理念的群体即"躺平族"，面对各种压力选择"一躺了之"。其实，许多喊着"躺平"的年轻人，并未真正"躺平"，他们只是在用自嘲的方式反抗当今巨大的生活压力、高度"内卷"竞争。应该讲，这样的解释，顾及两方面，具有一定的艺术性。

现实生活中，有些人尤其是年轻人以"躺平"来自嘲，作为解脱和安慰，倒也无可厚非。但如果以"躺平"来表达一种无奈心理，抑或一种消极念头、一种畏难情绪，这就需要引起注意了。因为这往往容易表现出一种精神状态，就是得过且过，虚应故事，怠惰因循。如在工作上，缺乏热情、不求进取；在办事上，敷衍马虎、不求精致；在学习上，浅尝辄止、不下苦功。这种"躺平"，对事业发展、对个人成长不利，应该有效加以防止。

一

　　今年，我们见证了建党100周年的辉煌。100年来，中国共产党筚路蓝缕，艰苦创业，率领全国人民取得了新民主主义革命和社会主义革命、建设、改革的伟大胜利，谱写了中华民族自强不息、走向复兴的奋斗凯歌。在以习近平同志为核心的党中央坚强领导下，全国人民奋力拼搏，实现了"十四五"良好开局，踏上了全面建设社会主义现代化国家新征程。习近平总书记在和青年座谈时指出："我们的国家，我们的民族，从积贫积弱一步一步走到今天的发展繁荣，靠的就是一代又一代人的顽强拼搏，靠的就是中华民族自强不息的奋斗精神。当前，我们既面临着重要发展机遇，也面临着前所未有的困难和挑战。梦在前方，路在脚下。自胜者强，自强者胜。实现我们的发展目标，需要广大青年锲而不舍、驰而不息的奋斗。"习近平总书记的殷殷教诲，激励着广大青年，也激励着全国人民继续砥砺奋进，开创美好未来。在机关工作，我们要牢记初心使命，认真履行职责，全力以赴投入，当好参谋助手。这方面，只能苦干，不能"躺平"。因为，时代发展，我们没有时间"躺平"；使命召唤，我们没有借口"躺平"；重任在肩，我们没有理由"躺平"。与"躺平"相反的，是勤奋。古人云，"民生在勤""业广惟勤""天道酬勤"。"勤"字为要，我们不妨把勤奋当作座右铭，切实把勤奋付诸行动。

二

文件，特别是公文，是机关工作的载体和工具之一，对促进政令畅通、加强联系协调、开展公务往来、服务群众社会等具有重要作用。对我们来说，起草各类文件是家常便饭。要通过不断实践和钻研，使文件常写常新，越写越好，使其准确体现上级要求和领导意图，更好发挥应有效能。听到有人说，整天起草文件，单调、枯燥、费神费力，有点厌倦。也有人说，文件写来写去，就那些内容、套路，很难有新意和突破。还有人说，文件如何写到位，没有标准和方向，只要过得去就可以了。这些表达，也许有其客观性甚至合理性，但也可以视为"躺平"的苗头，需要端正认识，及时消除。

读了中国作协名誉副主席王蒙在2021年12月10日《光明日报》上的文章《珍惜每一个日子》，其中写道："耄耋之年，写起来回忆如潮，思绪如风，感奋如雷电，言语如铙钹混声。……我们的文化篇章，包括了你我他每一个写作人敲击的一个又一个字，一分又一分思考、应答、寻找和升华，都可以做得更出色，配得上我们的文学的辉煌历史与革命的崇高背景。"王蒙同志即将迎来"米寿"，但他依然青春不减当年，精品佳作迭出，可谓高龄作家、高产作家，这样的勤奋、这样的执着，非常值得学习。文件起草与文艺创作一样，需要激情洋溢，需要思考深邃，需要笔耕不辍。更何况，写好文件，有示范可对标，也有新路可探索。大凡事物，"没有最好，只有更好"。公文的政治站位较高，主旨目的鲜明，框架结构严谨，重心重点突出，政策举措可行，语言表述精确，体例格式规范，这样的努力是无止境的。

三

2021年10月中旬，上海歌舞团创制的舞剧《永不消逝的电波》在美琪大剧院开启第二轮驻演，有来自全国各地的50多位青年舞者参加。在这之前，《解放日报》记者来到美琪大剧院探班上海歌舞团联排。上海歌舞团团长陈飞华介绍："他们每天上午进行两个月的基础训练，下午从1点排到7点，从头到尾紧锣密鼓，毫不松懈，进步飞速。《永不消逝的电波》百场如一，请观众放心，我们的艺术水准不降低一丝一毫。"《解放日报》以"每个细节都打磨，只为'百场如一'"为题，对此作了报道。细节打磨、"百场如一"，这个要求、这个说法多么打动人。联想到文件起草、审核，也要做到细节打磨、"百文如一"，以确保高质量、高标准。对语言文字仔细推敲，找出毛病，纠正差错，就是细节打磨的一项内容，一定要用心、用情、用力去做。这里举几个病例如下：

例1. 对巡查中发现的问题，相关部门将责令有关机构严肃整改，整改不力的，依归做出处罚。

例2. 要下大力气，坚决纠正模式侵害群众利益的形式主义、官僚主义。

例3．要禁止非法捕捞、非法交易野生动物的违法行为，革除烂食野生动物的陋习。

例4．要对规划中的各项任务落实情况开展督促检查和绩效评估工作，确保规划实施工作落到实处。

例5．各有关部门要加大对这项工作的重视和支持，积极提供资源、技术等条件。

例6．要强化顶层设计，统筹推进产业规划、空间布局、平台建设、示范应用等重大事项。

例7．单位聘雇的海外高层次人才，可办理长期居留许可，办理海外人才居住证加分、留学人员落户取消社保系数要求等优惠待遇。

例8．违反本办法规定的行为，有关法律法规已有规定的，从其规定。

分析上述病例：例1中的"依归"应为"依规"。例2中的"模式"应为"漠视"。例3既然是"非法捕捞""非法交易"，那"违法行为"中的"违法"就显得多余，可以删去。还有，"烂食"应改为"滥食"。例4"确保规划实施工作落到实处"中的"实施工作"属多余，须删去。例5中的"加大对这项工作的重视和支持"说不通，可以改成"加大对这项工作的支持力度"。例6中的"统筹推进……重大事项"说不通，可以改成"统筹推进落实……重大事项"。例7中的"办理海外人才居住证加分、留学人员落户取消社保系数要求等优惠待遇"说不通，应将"优惠待遇"删去。例8中的"违反本办法规定的行为"应改成"对违反本办法规定行为的处理"，否则这句也说不通。

一位作家说过，"你必须非常努力，才能看起来毫不费力"，此言甚是。非常努力、非常勤奋，工作就能得心应手，劲头十足，并能实现良性循环。

（刊于2021年12月《上海机关动态》）

致广大而尽精微

迎着2022年第一缕阳光，学习习近平主席发表的新年贺词，心潮澎湃，精神振奋。这是一篇高屋建瓴、内涵丰富、生动凝练、语言亲切，具有极大感染力和感召力的新年贺词。在新年贺词中，习近平主席深情回顾中国共产党百年奋斗的光辉历程和2021年在中国共产党坚强领导下我国取得的重大成就，指出"飞逝的时光里，我们看到的、感悟到的中国，是一个坚韧不拔、欣欣向荣的中国"，告诫"不忘初心，方得始终。我们唯有踔厉奋发、笃行不怠，方能不负历史、不负时代、不负人民"，强调"我们要常怀远虑、居安思危，保持战略定力和耐力，'致广大而尽精微'"。习近平主席谆谆教诲，给人以深刻的思想启迪和精神洗礼。

"致广大而尽精微"，出自《礼记·中庸》。其意为，既要致力达到宽广博大的境界，又要尽心深入精细微妙之处。它表明，"广大"与"精微"是对立统一的关系，两者互为补充，融为一体。由此想到，"致广大而尽精微"，对做好机关工作、当好参谋助手，具有指导意义。

着眼于"致广大而尽精微"，我们要胸怀大局，提高站位。

2022年，是党的二十大和上海市第十二次党代会召开之年，也是上海构筑未来发展战略优势的关键之年。面对更趋复杂严峻的外部环境，必须保持战略定力，增强历史自信，坚持稳中求进，深化改革开放，加快高质量发展，构建新发展格局。上海是党的诞生地，是伟大建党精神的发源地，也是中国融入世界、世界观察中国的重要窗口，必将踔厉奋发、笃行不怠，奋力创造新奇迹，不断展现新气象，不辜负以习近平同志为核心的党中央的殷切期望。作为机关工作人员，我们要深入学习习近平新时代中国特色社会主义思想，学习贯彻党的十九届六中全会精神，忠诚拥护"两个确立"，坚决做到"两个维护"，永葆对党忠诚的政治本色，始终在思想上政治上行动上同以习近平同志为核心的党中央保持高度一致。要深刻感悟习近平新时代中国特色社会主义思想的真理伟力和实践伟力，更加自觉地用来武装头脑、指导实践。要认真贯彻党中央、国务院部署，按照市委、市政府要求，做好各项工作，发挥以文辅政作用，为推动经济社会持续健康发展贡献力量。

着眼于"致广大而尽精微"，我们要立足岗位，履职尽责。不言而喻，写好文件文稿，是履职尽责的一项内容。要胜任这项工作，促进公文提质创优，除了加强思想淬炼、政治历练外，还要加强实践锻炼、专业训练，这方面尤其要讲求方法。常言道，方法不对，干得很累；方法得当，干得顺畅。公文写作有规律可遵循，有格式可对照，有范本可借鉴，但讲求方法很关键。

完成一项公文起草任务，一般有六个步骤。

第一，领会领导意图。公文是开展公务活动的一个工具，也是体现领导意志的一个载体。因此，要贴近领导思路，理解领导想法，把领导的要求融入字里行间。如，去年初某部门领导召开会议，研究全年重点工作，领导作了总结讲话。起草的纪要初稿中，最后有一段："春节期间，要严格遵守廉政纪律，不得公款请客送礼、大吃大喝，不得滥发奖金实物。要压缩行政经费，比上年压缩5%，把压缩经费用到项目建设上，用到民生改善上。"这给读者感觉，好像只有春节期间要严格遵守廉政纪律，而其他时间可以破例。还有，一个部门全年行政经费压缩下来的5%，"用到项目建设上，用到民生改善上"，有点像用"小盖子盖大瓶子"。领导在审签纪要时，将这部分改为："要继续落实中央八项规定精神，严格遵守廉政纪律。越是春节期间，越是要绷紧廉政纪律这根弦，不得公款请客送礼、大吃大喝，不得滥发奖金实物。要带头过紧日子，今年行政经费比上年压缩5%。要坚持节用裕民，把有限财力用在推动发展、为民服务上。"这样一改，语意周全，表述准确。这也提示我们，在起草公文时，一定要很好把握领导的思路、想法和要求。

第二，明确发文主旨。公文具有针对性、实用性、时效性等特点。每次发文，都要弄明白，为了什么目的，处理什么事项，解决什么问题，达到什么效果，从而"有的放矢"，精准"出招"，一步到位。如，某单位下属一企业经批准，经营某项业务多年，由于新的规定出台，继续经营这项业务需要重新申请，在办理有关手续过程中，经办机构致函该单位，要求进一步核实并提供该企业的具体情况。于是，该单位复函经办机构，将这个企业的成立时间、管理架构、人员数量、经营范围、资产规模、效益状况等情况作了详细说明，结尾语是"专此复函"。从内容来看，对应着经办机构的所问，应该可以。不过，还没有反映出复函的真正目的。文内应该表达出这样的意思，即鉴于上述情况，我单位支持该企业继续从事这项业务，并恳请经办机构予以支持。如此一来，复函的目的也就明晰了，期待的结果就有可能实现。

第三，拟订框架结构。一篇公文，从大的方面来说，是三个部分，即开头部分、中间部分、结尾部分。开头部分要开门见山，直奔主题；中间部分要条理清楚，有血有肉；结尾部分要收束全文，止所当止。具体到部署工作的通知，通常先写总说，包括背景、目的、依据、过渡语，这就是开头部分。再写通知事项，可以分成"一、……二、……三、……"展开，这就是中间部分。后写结尾语，如："以上通知，请认真贯彻执行。""以上通知，请落到实处。"拟订框架结构，就是确定基本思路，这与起草者的逻辑思维能力和归纳推理能力很有关系。

第四，备齐相关材料。公文写作，需要一定材料支撑，以利观点成立、内容充实，防止言之无据、言之无物。材料范围较广，包括法律规定、政策方针、上级文件、领导讲话批示、会议精神、报刊文章、简报信息、调研成果、工作进程、群众需求、内外舆情等等。平时就要收集材料，搞好储备，急需时要能迅速找到，派上用处。当然，材料在使用时要注意区分、选择，有的要进行综合、提炼。

第五，组织语言文字。基本思路确定后，就可以开始动笔。从大标题、主送单位、正文，到落款、成文日期，一步步往下写，一步步规范写。其中，大标题要保持完整性，发文单位、事由、文种三要素原则上都要有；主送单位要顶格，不能空两字；正文中的结构层次为"一、""（一）""1.""（1）"等；落款可用公章代替，如果写出，一般用全称；成文日期用阿拉伯数字，最后的"日"通常右空四字。

第六，进行修改完善。写完后，不能马上交稿，只要时间允许，就要多读几遍，多做核查，看看是否存在层次不清、表述歧义、逻辑混乱、自相矛盾、前后重复、错字别字等问题。一旦发现，及时加以纠正。记得有一位老领导曾经说过，"一百个谨慎，挡不住一两个疏忽"。有一同志拟就一篇通知，自己再作阅读、核查，发现一句有歧义：要严防"一大一小"领域以虚假投资、欺诈销售、高额返利等方式进行非法集资活动，保护消费者权益。难道进行非法集资活动的主体，是"一大一小"领域？后来在"要严防"后面，加上了"不法分子"，即改成：要严防不法分子在"一大一小"领域以虚假投资、欺诈销售、高额返利等方式进行非法集资活动，保护消费者权益。这样修改，才符合作者本意。

　　上述六个步骤，实际上就是方法。把握好方法，就能够事半功倍，反之则事倍功半。

　　重任担肩上，文笔写千秋。我们要不忘初心、牢记使命，登高望远、脚踏实地，奋进新征程，建功新时代。

　　　　　　　　　（刊于2022年1月《上海机关动态》）

热爱事业，追求卓越

2月4日至20日举行的2022年北京冬奥会，实现了习近平总书记提出的"精彩、非凡、卓越"的目标。来自91个国家和地区的近3000名运动员奋勇顽强、挑战极限、超越自我、硕果累累，奏响了竞技体育的华彩乐章。特别是我国选手创造了自1980年参加冬奥会以来的历史最好成绩，也为全国人民奋进新时代注入了精神力量。

在自由式滑雪项目中获得"两金一银"的我国18岁女将谷爱凌，被媒体称为"本届冬奥会的巨星之一"。她的热情开朗、包容进取，给人留下难忘印象。在夺得自由式滑雪女子大跳台冠军的赛后发布会上，谷爱凌谈到如何平衡自己的生活、工作和学业时说："我特别喜欢尝试不同的东西，但我觉得最重要的是有热爱。因为有热爱，任何东西都不觉得烦，不感觉累，也不觉得是工作。"谷爱凌用"热爱"来表达自己的感受，可谓恰到好处。近期率领中国女足获得2022女足亚洲杯冠军的水庆霞指导，业内评价她，也是用了"热爱"一词，称她将热爱奉献给了中国足球。一家媒体报道，学习、看录像、研究、实战、改进是水庆霞几十年如一日的生活日常，专业能力精益求精是她一直的态度。

2021年11月她接手处于艰难时期的中国女足，把责任扛起来，付出了艰辛努力。在2022女足亚洲杯决赛中，水庆霞作出的决定，不管是球员的替换，还是战术的调整，都收到了立竿见影的奇效，最终创造了神奇逆转。

谷爱凌、水庆霞取得佳绩，很大程度上源于她们对事业的热爱。热爱是动力，是激情。有了热爱，就有了追求，就会去拼搏。由此想到：1955年11月，钱三强一家分得北京中关村被称为"特楼"中的一套住房。在他的书房里，挂着一个条幅"从牛到爱"，外人常常不明所以。这个条幅是当年其父钱玄同在钱三强即将入读清华大学时送给他的，父亲告诫他："学物理嘛，就要向牛顿和爱因斯坦学习，做出成就来；其二嘛，学习就要像牛那样苦干，渐入佳境后，就会爱上这门学科。"钱三强遵照父亲嘱咐，一生热爱并致力于原子核物理研究，最终成为中国原子能科学事业创始人、"两弹一星"元勋。这也印证了德国哲学家黑格尔说过的一句话："假如没有热爱，世界上一切伟大的事业都不会成功。"

在机关，驱笔为文、以文辅政，责任重大、使命光荣，同样需要我们充满热爱、不懈追求。也就是说，要热爱事业、追求卓越。

文以载道，文以传声，文以化人，文以励志。从广义理解，这个文，也包括文件。文件特别是公文作为一项工具，在机关工作中具有重要作用。大政方针的传达，重点任务的部署，重大事项的协调，领导意见的告知，公务活动的开展，日常事务的办理，政策措施的解读，工作开展的交流，先进典型的宣传，情况信息的反馈等，比较多的是通过文件来承担。起草文件文稿，进行审核、把关，是机关运行的常态之一，也是工作人员的任务之一。我们带着热爱，选择报考机关，接受组织的招录；我们怀着追求，进入工作岗位，履行应尽的职责。很多同志一直保持着热情和干劲，以认真负责的态度，起草、审核文件文稿，努力提供优质服务，适应领导需要。他们长年累月，默默无闻，倾注心血和汗水，以实干实绩，诠释什么是热爱、什么是追求，涌现出不少先进人物和感人事迹。有的同志注重加强政治理论、政策业务学习和技能训练，拟写文件文稿出手快，质量高；有的同志面对起草任务较多，区分轻重缓急、合理安排，不压件误事；有的同志审核文件文稿，始终全神贯注、仔细推敲，不放过一点漏洞、一丝差错。为了按时完成急件、特急件，不少同志经常加班加点，主动放弃休假，一心扑在工作上。他们的担当进取、主动作为，得到了领导的表扬和社会的好评。

当然也要看到，还存在这样一些情况。有同志感到，整天挥笔杆、击键盘，想来想去就那些内容，写来写去就那些东西，用来用去就那些词句，比较单调枯燥，写不出新的东西。有同志觉得，文件文稿不断，写不完、改不完，整天疲于应付。还有同志认为，起草、审核，不显山露水，提职提级时容易被忽视，个人发展空间不大。这样一来，就不知不觉地弱化了进取动力和激情，影响了文件质量和办事效率。如，有的漫不经心、粗枝大叶，造成语句出现逻辑、语法、文字、标点以及格式等差错；有的照搬照套、依样画葫芦，造成内容"上下一般粗、左右一个样"；有的东摘西抄、拼拼凑凑，造成表述前后矛盾、重复，或者不连贯。这些问题需要重视和解决。

在媒体上读到一篇题为"把每一次当'第一次'"的文章，其中讲到，同一个岗位、同一项工作，干的时间长了，难免会产生审美疲劳和懈怠情绪。把每一次当"第一次"，才能将工作成绩"归零"，确保标准不降；让工作激情"保鲜"，确保干劲不减。这讲得很有道理。结合公文处理实际，借鉴有关说法，我们可以把每一次起草都当作是第一次起草，保持那份新鲜；把每一次审核都当作是第一次审核，保持那份认真；把每一次把关都当作是第一次把关，保持那份严谨。这就是说，要以热爱和追求，克服审美疲劳和懈怠情绪，迈向更加广阔的天地。

习近平总书记指出："要加强学习、积累经验、增长才干，自觉向实践学习、拜人民为师。要沉下心来干工作，心无旁骛钻业务，干一行、爱一行、精一行。要信念如磐、意志如铁、勇往直前，遇到挫折撑得住，关键时刻顶得住，扛得了重活，打得了硬仗，经得住磨难，勤勤恳恳、任劳任怨，不图名、不图利，专心致志做好工作。"我们要牢记习近平总书记的教诲，不断砥砺前行，当好参谋助手，不负人民期望。"现在，党团结带领中国人民又踏上了实现第二个百年奋斗目标新的赶考之路。"上海正在继续贯彻落实党中央、国务院的决策部署，进一步扩大高水平对外开放，持续强化四大功能，深化建设五个中心，全面提升城市能级和核心竞争力，为全面建设社会主义现代化强国作出贡献。感知时代温度，践行心中理想，我们要加强理论武装，深入学习习近平新时代中国特色社会主义思想，深刻感悟这一伟大思想的真理伟力，做到学思用贯通，知信行统一；深入学习习近平总书记考察上海重要讲话精神和对上海工作的重要指示要求，以干事创业的成果体现对党的绝对忠诚。要练就过硬本领，立足本职岗位，掌握大政方针、法律法规和经济、科技、管理、文化、生态等方面知识以及专业所需知识，开阔眼界视野，打牢文字功底。要增强责任意识，认真对待每篇文件文稿，起草时全力以赴、精心思考，整体谋划、谨慎下笔，审核时抓住重点、顾及全面，一丝不苟、严防差错。要永葆精进之心，不断激发干劲热情，乐于吃苦，勇挑重担，拿出一篇篇优质作品，交上一份份满意答卷，助力改革开放、经济发展、民生改善、社会治理创新、城市安全有序运行。与此同时，各单位要加大力度，关心培养、选拔任用"笔杆子"，形成激励机制和良好氛围。

习近平总书记在福建工作期间，曾引用《秘书工作》上的一首诗勉励办公厅（室）的同志："爱书爱字不爱名，求真求实不求荣。多思多谋不多怨，争苦争累不争功。"习近平总书记引用的这首诗意味深长，值得记取。壬寅虎年，虎虎生威。让我们用不懈奋斗致敬伟大时代，用不凡业绩书写新的篇章。

（刊于2022年3月《上海机关动态》）

通知、通告、通报的拟写要点

通知、通告、通报均为党政机关比较常用的公文。

通知、通告、通报，虽然第一个字都是"通"，但无论是在使用上还是在拟写上，都有一定区别。从适用范围来看，这三种公文各不相同。通知，适用于发布、传达要求下级机关执行和有关单位周知或者执行的事项，批转、转发公文。通告，适用于在一定范围内公布应当遵守或者周知的事项。通报，适用于表彰先进、批评错误、传达重要精神和告知重要情况。从正文的结构层次、内容表述和语句运用来看，三种公文也各有个性。

这里，仅就三种公文的个性做些分析，以利拟写更顺畅、更规范。

一

就发布要求下级机关执行和有关单位执行事项通知（即指令性通知）而言，正文通常写三个部分。

第一部分，总说，包括背景、发文目的、依据、过渡语。其中，背景、发文目的、依据可以选择省略。如，《上海市人民政府办公厅关于进一步做好拆除违法建筑工作的通知》（沪府办发〔2011〕49号）写道："拆除违法建筑工作直接关系到城市市容环境综合质量和城乡建设管理秩序。《上海市拆除违法建筑若干规定》（以下简称《若干规定》）施行以来，市和区县相关部门认真贯彻落实，全市拆除违法建筑工作（以下简称'拆违工作'）取得了一定成效，但仍然存在一些不足和薄弱环节。为深入落实《若干规定》，进一步完善本市拆除违法建筑工作机制，现就进一步做好拆违工作作如下通知：……"这部分由背景、发文目的、过渡语组成。

第二部分，通知事项，可以分条列项展开。如果确有必要，也可以在各条结束后，再加上一段归总的话做个强调。如上述通知共提出四条：一、加强领导，夯实机构。二、加强协调，共同推进。三、加强源头发现，强化快速处置。四、加强社会监督，强化责任追究。

第三部分，结尾语。如："以上通知，请认真贯彻执行。""以上通知，请按照执行。""以上通知，请落实到位。"这部分有时也可以省略。

指令性通知拟写时，要特别注意两点。

一是当止则止，切忌重复。有的通知事项已分成几条，该讲的都讲了，但最后又将几条里的内容归并成一段话再说一遍，意思完全重复，造成冗余表达。

二是上下对应，结尾切题。有的指令性通知结尾语写成：

"以上意见，请认真按照执行。"这里，"以上意见"还是改成"以上通知"为好。

二

通告正文通常写两个部分，这与指令性通知正文的前两部分基本一样。

第一部分，总说，包括背景、发文目的、依据、过渡语。其中，背景、发文目的可以选择省略。如，《上海市人民政府关于本市进行防空警报试鸣的通告》（沪府发〔2021〕20号）写道："为进一步增强广大市民的国防观念和民防意识，检验本市防空警报设施的完好率和鸣放防空警报的能力，根据《中华人民共和国人民防空法》《上海市防空警报管理办法》的有关规定，定于今年9月18日（全民国防教育日）在本市进行防空警报试鸣。现将有关事项通告如下："这部分由发文目的、依据、过渡语组成。

第二部分，告知事项，可以分条列项展开。如上述通告共分成四点：一、防空警报试鸣的时间。二、防空警报试鸣的范围。三、防空警报试鸣的形式。四、防空警报试鸣的组织。

如果需要，也可以再加上实施期限。如："本通告自2022年×月×日起施行，有效期至同年×月×日。"

通告是面向社会和广大群众的，拟写时要特别注意一点，就是尽可能语气谦和，表达恳切，以拉近与读者的距离，取得读者的理解和支持。

如上述通告中有三句话："防空警报试鸣前，请各新闻单位及地铁、公交、相关公共信息发布载体广泛进行宣传，各区组织开展相关宣传并落实防空演练预案。""防空警报试鸣时，请各区、各类学校组织城镇居民、学校师生进行防空演练。""防空警报试鸣期间，请各部门、各单位和广大市民、过往人员积极配合，保持正常的工作和生活秩序。"三句话，三个"请"，让读者感到十分亲切，从而激发出自觉遵守的动力。

三

就批评错误的通报（即批评性通报）而言，通常写五个部分。

第一部分，总说，包括背景、定性、发文目的、依据、过渡语。其中，背景、依据可以选择省略。如，《国务院办公厅关于部分债务沉重地区违规兴建楼堂馆所问题的通报》（国办发〔2021〕39号）写道："严格控制党政机关办公楼等楼堂馆所建设，是加强党风廉政建设、落实过紧日子要求的重要内容，党中央、国务院对此高度重视。……近期，审计署审计发现，一些地区不顾自身财力状况，在政府债务沉重、风险突出的情况下，违反财经纪律和管理制度兴建楼堂馆所。为进一步严肃财经纪律，严格楼堂馆所建设管理，经国务院同意，现将有关情况通报如下：”这部分由背景、定性、发文目的、依据、过渡语组成。

第二部分，发生的情况、问题。上述通报指出了4个地方政府债务风险较高的地区，有8个项目不同程度存在的违规兴建楼堂馆所问题。

第三部分，原因分析。上述通报讲了三点：一是执行财经纪律松弛。二是规避项目审批程序。三是钻制度空子搞变通。

第四部分，处理（处分）情况。上述通报指出："对于审计发现问题，有关地方党委和政府高度重视，积极开展整改工作。……后续整改及执纪问责等工作正在进行中。"

第五部分，下步要求。上述通报共提出五点：一是切实提高思想认识。二是从严落实财经纪律。三是落实严控楼堂馆所建设主体责任。四是强化项目审批管理和财政支出约束。五是加大监督问责力度。

批评性通报拟写时，要特别注意两点。

一是讲清来龙去脉、前因后果。批评性通报主要目的是通过揭示问题、事故、错误，做出处理（处分）决定，警示、教育、要求被通报者和其他单位、个人吸取教训，严防类似问题、事故、错误再次发生。因此，事情或者事件的过程、造成的不良影响以及产生的根子、原因，要有个完整的叙述，便于读者深入思考，引以为戒。看到某地有个批评性通报，里面只大致讲了一下不久前本地发生一起安全生产事故，造成人员受伤和财产损失，以及对有关单位领导者和当事者处理的情况，至于整个事故过程、影响、原因等，几乎没有涉及。这样的通报，是缺乏说服力的。

二是细化下步要求。吸取教训，举一反三，有效防范，是批评性通报的出发点和落脚点。在提出下步要求时，要考虑周全，既立足当前，又着眼长远，每条要求都切合实际，有清晰的路径，有可操作的对策，坚决避免大而化之，空洞无物。

(刊于2022年6月《上海机关动态》)

弘扬光荣传统，赓续红色血脉

　　习近平总书记在庆祝中国共产党成立100周年大会上的重要讲话中强调："我们要继续弘扬光荣传统、赓续红色血脉，永远把伟大建党精神继承下去、发扬光大！"同时，习近平总书记将伟大建党精神归纳为"坚持真理、坚守理想，践行初心、担当使命，不怕牺牲、英勇斗争，对党忠诚、不负人民"。我们已经迎来中国共产党成立101周年，此时此刻，重温习近平总书记重要讲话和伟大建党精神，继续受到深刻的教育。

　　上海是中国共产党的诞生地和初心始发地，是伟大建党精神的重要孕育地，也是世界观察中国的重要窗口。党走过的光辉历程，党创造的历史伟业，在上海得到了充分体现和生动演绎。特别是改革开放以来，中央领导对上海寄予厚望。邓小平同志从1988年到1994年，连续7年在上海过春节。《邓小平文选》中，有56次提到上海。1990年春，邓小平同志提出了打上海这张"王牌"的伟大构想，让中国在世界上站稳脚跟。他殷切嘱咐上海人民要"思想更解放一点，胆子更大一点，步子更快一点"。江泽民同志曾引用北宋司马光的诗句"若问古今兴废事，请君只看洛阳城"来形容上海的地位和作用，并曾赋诗一首勉励上海干部群众："忽忽光阴二十年，几多甘苦创新天。浦江两岸生巨变，今日同心更向前。"胡锦涛同志提出，上海未来的发展要"放在全国发展的大局中来思考、来谋划"，并寄语上海要在建设中国特色社会主义的历史进程中继续走在全国前列。习近平同志要求上海"继续当好全国改革开放排头兵、创新发展先行者，勇于挑最重的担子、啃最难啃的骨头，发挥开路先锋、示范引领、突破攻坚的作用，为全国改革发展作出更大贡献"。上海没有辜负中央领导的厚望。在党中央、国务院的亲切关怀和市委、市政府的正确领导下，全市人民砥砺奋进，经过多年努力，各方面都取得了很大成就。改革开放不断扩大，经济社会不断发展，城市面貌不断变化，生态环境不断改善，生活水平不断提升。"却顾所来径，苍苍横翠微。"上海日新月异，也激励着全市人民沿着习近平总书记指引的方向，奋进新征程，建功新时代。

6月下旬召开的市第十二次党代会，明确了上海建设具有世界影响力的社会主义现代化国际大都市的目标愿景，擘画了未来发展蓝图。上海正在深入贯彻落实习近平总书记对上海工作的重要指示要求，全面贯彻落实党中央、国务院的决策部署，按照市第十二次党代会精神，以落实国家战略任务为牵引，践行人民城市理念，着力推动高质量发展、创造高品质生活、实现高效能治理，加快建设具有世界影响力的社会主义国际化大都市，更好地向世界展现中国现代化的光明前景。作为机关工作人员，我们重任在肩、使命如磐。我们要弘扬光荣传统，赓续红色血脉。要满怀激情、鼓足劲头，立足本职、积极进取，当好领导参谋助手，以实际行动迎接党的二十大胜利召开，以不懈奋斗书写新时代华章。

一是坚持读书学习。习近平总书记说过，要"把学习作为一种追求、一种爱好、一种健康的生活方式，做到好学乐学"。2022年4月，各大媒体发表新华社记者写的通讯《习近平的读书故事》，通讯开头写道："从梁家河到中南海，从躬耕基层到领航中国，读书始终是习近平总书记'最大的爱好'。他博览古今中外，从书中汲取治国理政经验智慧；他身体力行垂范，用书香涵养民族精神力量。"坚持读书学习，习近平总书记是我们的最好榜样。案牍劳作等公务之余，我们要坚持读书学习。有计划有重点地、全面系统地学习政治理论、专业知识，阅读经典著作、优秀诗篇，学习一切对工作、对人生有益的东西。通过读书学习，提高政治站位，开阔眼界视野；通过读书学习，陶冶思想情操，净化心灵世界；通过读书学习，扩大头脑内存，增强业务本领；通过读书学习，跟上时代步伐，适应事业发展。

二是确保公文质量。三国曹丕在《典论·论文》指出："盖文章，经国之大业，不朽之盛事。年寿有时而尽，荣乐止乎其身，二者必至之常期，未若文章之无穷。"有读者这样翻译比较准确：文章是关系到治理国家的伟大功业，是可以流传后世而不朽的盛大事业。人的年龄寿夭有时间的限制，荣誉欢乐也只能终于一身，二者都终止于一定的期限，不能像文章那样永久流传，没有穷期。联想到公文，其作用和影响也是这样，即关系到"经国之大业"，成为"不朽之盛事"，其影响力"无穷"。为此，我们要继续在提高公文质量上狠下功夫。要在掌握语法、修辞、逻辑、文字，夯实基本功的基础上，深入研究公文和其他文书的写作规律，包括结构层次的形成，材料内容的安排，思想意图的表达，语言文字的运用，体例格式的规范，等等。对一些细小的问题和差错，也要能够及时发现和纠正。如，某单位拟发布调整行政审批和处罚等事项目录的决定，原稿中提出，这次调整，新增纳入目录事项12项、移出目录事项7项、调整目录事项9项。从字面上看，总的是"调整"，具体分成三类，其中一类也是"调整"。这样的叙述，逻辑概念不准确。后来将"调整目录事项"改为"修订目录事项"才恰当。

　　三是自觉苦干实干。当前，上海进一步贯彻落实党中央、国务院的决策部署，围绕深化改革开放创新，落实好国家战略任务，强化城市核心功能，推进实施重大项目、民心工程和民生实事，赋能企业发展，促进城市数字化转型、绿色低碳发展和乡村振兴，筑牢城市安全屏障，办好第五届进博会等重点领域和重点方面，已经出台和将要出台一系列政策措施。深入开展调研，广泛听取意见，起草审核文件文稿，顺应社会需求和群众呼声，这是我们的一项职责。我们要拧紧螺丝，加快节奏，发扬不怕疲劳、连续作战的作风，超常规地投入工作。对急件、特急件，做到急事急办、特事特办，尽心尽力交上满意答卷，让领导放心。

(刊于2022年7月《上海机关动态》)

不断提高识错纠错的能力

在机关、单位，从事文字工作的同志可能都有这样的认识和体会：文章是写出来的，更是改出来的。起草公文或其他文书时，一气呵成、一挥而就，不加修改、不作完善，这种情况比较少见。

俄国作家列夫·托尔斯泰说过："必须永远抛弃那种认为写作可以不必修改的想法，改三遍、四遍，这还不够。"他的小说中，《战争与和平》前后修改了7次，《安娜·卡列尼娜》前后修改了12次，《复活》前后修改了20次。正是由于反复修改，这些小说才成为世界名著，拥有大量读者。

公文或其他文书的拟写注重修改，这与文学作品是一样的。特别是公文，它是服务领导决策、促进工作实施的一个载体，是开展公共管理、办理公务事项的重要工具。其地位和作用，决定了它的质量要求很高，标准尺度很严，不能有任何差错和瑕疵。否则，"差之毫厘，谬以千里"，影响的是实际效果，伤害的是机关、单位形象。因此，一篇公文或其他文书起草后，只要时间允许，就要自觉进行修改，及时识错纠错，确保万无一失。

作家艾芜指出："写作还有一个过程，就是修改过程。修改时，把作品当成不是自己的，从别人的角度上去吹毛求疵，冷静地修改。"这既讲了修改的必要性，也讲了修改的操作性，对我们也很有启发。就是说，修改文稿时，要换位思考，为读者着想；要全心投入，字斟句酌、反复推敲。这方面，要有精益求精的态度。

常言道，字与字组合成词，词与词串联成句，句与句契合成文。从语言文字角度来看，修改一篇文稿，重点还是字、词、句。

就字而言，文字要正确，防止错别字。

以下四例就有错别字：

例1．双方可根据实际情况，修订本协议或定立补充协议。

例2．诚挚邀请您届时拔冗前来出席经济论坛，并发表演讲。

例3．总体来讲，本市仍然受到外商亲睐，实到外资继续增加。

例4．今后，市旧区改造领导小组组成人员如有变动，有其所在单位接任领导自然替补。

在例1中，"定立"的"定"，应该是"订"。"订立"是指双方或几方把商定事项用书面形式确定下来，如"订立补充协议"，但不能写成"定立补充协议"。

在例2中，"拔冗"的"拔"，应该是"拨"。"冗"有一义项，是繁忙的事务。"拨冗"指拨开、推开繁忙的事务，抽出时间，属敬辞。没有"拔冗"这个词。

在例3中，"亲睐"的"亲"，应该是"青"。"青睐"的"青"，是指黑眼珠，"睐"是看。"青睐"是说用正眼相看，表示喜爱或重视。

在例4中，"有其"的"有"，应该是"由"。"由"有一义项，是"归""归属"，引出某人去做什么，"由其所在单位接任领导自然替补"中的"由"就是这个意思。显然，"有其所在单位接任领导自然替补"中的"有"，是"由"的误用。

就词而言，用词要精准、贴切。

这里对下列四例中的个别用词做个简析：

例1．通过组织开展专项执法检查活动，加强宣传引导，提升培训力度，有效增强了从业人员及有关群体的守法意识。

例2．截止5月底，上半年十项重点工作已全部完成。

例3．经过艰苦奋斗、加倍努力，我们一定能够度过难关，走出困境。

例4．修订完善科技兴农专项资金管理办法，将原先十个子专项整合为科技创新、技术推广、现代农业产业技术体系三个方向，更好地聚焦支持高水平农业科技发展。

在例1中，"提升培训力度"中的"提升"使用不当，"力度"不存在"提升"的问题，应该改为"加大培训力度"。

在例2中，"截止"是指到一定期限停止，"截至"是指截止到某个时候。因此，"截止5月底"应该改为"截至5月底"。

在例3中，"度过难关"应该是"渡过难关"。"渡"有一义项，是由这一岸到那一岸，如渡河、渡江、渡海等，"渡"的对象一般是有形的。"难关"的"关"，本义为关口、关隘，也是有形的，故用"渡过难关"才准确。

在例4中，"整合为科技创新、技术推广、现代农业产业技术体系三个方向"，这里用"三个方向"不确切，应该是"三个方面"。

就句而言，句子要通顺、简洁。

以下四个句子就存在毛病：

例1．有关方面将为银行在本地开展各类综合金融业务、产品和服务创新、体制机制创新等创造良好环境和政策支持。

例2．要举一反三，把别人的错误总结完善提高，形成常态化长效机制。

例3．相关材料的报送，起草部门和单位可通过"地方立法信息系统"报送相关材料。

例4．有关部门要配齐配强工作力量，加强业务指导工作，做好业务系统改造对接、审批监管、专业技术支撑等配套工作，为企业开展工作提供便捷服务。

在例1中，"创造良好环境和政策支持"说不通，应该改为"提供政策支持，创造良好环境"。

在例2中，"把别人的错误总结完善提高"说不通。应该改为"将别人的错误加以总结，提出防范措施"。

在例3中，"相关材料的报送"和"报送相关材料"属同语重复。或将此句开头"相关材料的报送"删去，或将此句改为："相关材料，起草部门和单位可通过'地方立法信息系统’报送。"

在例4中，"工作"反复出现，不简洁，可以将"配齐配强工作力量""加强业务指导工作"中的"工作"删去，"为企业开展工作提供便捷服务"中的"开展工作"删去。此句改为："有关部门要配齐配强力量，加强业务指导，做好业务系统改造对接、审批监管、专业技术支撑等配套工作，为企业提供便捷服务。"

提高识错纠错的能力，需要加强学习和实践，夯实语言文字功底。同时，需要讲求细心，要逐字逐句地打磨；需要讲求耐心，要不厌其烦，不辞劳苦，不怕"返工"；需要讲求虚心，一篇文稿拟就，还要经过审核、签发、复核等环节，在这些环节可能还会对文稿作进一步修改，作为起草人，要关注修改了什么地方，为什么要这样修改，从而取人之长，补己之短，以利不断进步。

(刊于2022年8月《上海机关动态》)

公文写作要避免认识上的几个误区

记得有一位老领导说过，"公文质量的重要性，怎么形容都不过分"。公文是传达贯彻党和国家方针政策、上级部署要求，履行领导职能，办理公务事项，开展公共活动的重要载体和工具，它对实施组织管理，促进上下沟通，进行横向协调，推动各项工作开展，起着十分重要的作用。因此，确保公文质量、提高办事效率，应成为各级机关、单位的一种思想理念和行动自觉。我们在机关、单位从事文字工作，公文写作是常态，也是职责，要知责于心，担责于身，履责于行。

当前，在公文写作的认识上，有几个误区需要厘清和避免。

误区一，认为公文一经签发，就算顺利通过了。

按照规定，公文的拟制，共有七道程序，也叫七道环节：起草、审核、签发、复核、登记、印制、核发。公文签发后，说明已得到领导的同意和认可。但是，有两种情况值得注意。

一是由于公务繁忙、事情甚多，有的文稿领导在签发时，来不及逐字逐句地进行修改，但在核发后，会指出有的地方还可以再作斟酌。我们要做有心人，把领导的耳提面命化为改进工作的动力。如，有一纪要提到，"会议原则同意成立专项工作领导小组，其主要职责是……"。该纪要已签发并已核发，事后领导对经办人员说："我想了想，成立专项工作领导小组作为一次性动作，不存在'原则同意'的说法，应该是'同意'，否则下面单位会有疑问，成立专项工作领导小组到底是同意还是不同意。"经办人员听了领导讲的很有启发。由此想到，有一纪要写道："会议原则同意某单位制订的《举办国际论坛管理办法》，请该单位根据讨论意见进行修改完善后自行印发。"这里使用了"原则同意"，是可以的。因为该办法还需再作修改完善，如果用"同意"则又不妥——既然"同意"，为何还要再作修改完善呢？遣词造句一定要准确无误，公文更讲求这一点。

二是对有的文稿，领导基于对经办人员的信任，可能大致审阅一下也就签发了，但这不代表文稿已完美无缺，说不定还有漏洞。这在复核环节，还有补救机会。这个机会，不能忽视。应该讲，文稿经过起草、审核、签发，一般不会再有什么问题。不过有时由于多种原因，也不排除还有瑕疵夹杂其中。如，有一文稿写道："到2021年，上海港集装箱吞吐量连续12年蝉联全球第一。""蝉联"本身就是连续保持的意思，这个问题在复核环节被发现了，后来将"蝉联"改为"位居"，这句表达才比较规范。

误区二，认为急件、特急件由于时间紧张，出现差错都属正常，情有可原。

日常工作中，不时会接到急件、特急件的办理，有的是一件，有的可能是好几件，都需要在很短的时间、以最快的速度拟就。不可否认，遇到这种情况，是容易心慌意乱、顾此失彼，但这不能成为文稿出现差错的理由和自我原谅的因素。否则，就降低了工作的标准，放松了自身的要求。要看到，办理急件、特急件，也是考验、锻炼、提高的过程。考验的是意志，锻炼的是才干，提高的是技能。为此，一方面，要"每临大事有静气"。正如《大学》所说："静而后能安，安而后能虑，虑而后能得。"保持冷静、安定心绪，才能周详思虑，得到收获。另一方面，要"有条不紊顺理章"。如果是一件急件或者特急件，要迅速领会领导意图，拟订写作架构，收集相关材料，组织语言文字，并尽可能修改完善；如果是几件急件或者特急件，要先易后难、先短后长，必要时交叉作业，实在来不及，就请领导予以指导或者请同事给予帮助，大家合力完成。有一次，有位同志同时接到一个急件和一个特急件的起草任务，完成急件后，接着完成特急件。对急件清样稿，已来不及再作校对，他便请了另外一位同志帮忙。那位同志在校对中，发现有个别句子不合语法，如"要着眼于优化经济结构的角度，将专项资金用于促进战略性新兴产业发展"，其中"的角度"为多余；还发现两处有错别字，将"长年累月"写成"常年累月"，"继往开来"写成"既往开来"。这些，都被一一纠正过来。这也体现出合作共事对办好急事的益处。此外，有时在事情、任务紧急的状况下，会突然想出好办法，这就是急中生智、意外所得，这样的事例也有不少。

误区三，认为现在网络媒体比较发达，起草公文很容易，拼拼凑凑就可以成一篇。

应该承认，现在网络媒体比较发达，其海量的信息和数据，为起草公文确实带来了很大方便。查找法律、法规、规章和规范性文件，查找公开发布的公文或者其他文书，查找重要提法、讲话精神，查找新闻报道和有关文章，查找名篇名言名句，查找所需资料，等等，通过网络媒体都可以实现，但不能完全依赖它。俗话说得好，"电脑不如人脑"。出思想、出观点、出新意，在可预见的未来，这是电脑所无法替代的。电脑只能作为辅助工具，如果不动脑筋、不假思索，只是在电脑上东拼西凑、东摘西抄，那肯定行不通。

写好公文，胜任本职岗位，必须花大力气、下苦功夫，掌握更多的知识、具备过硬的本领。我们要不忘初心、牢记使命，很好地把握大政方针、贴近领导思路、观察分析事物、关注社情民意、研究解决问题，并借助于媒体、网络的优势，写出一篇篇有高度、有力度、有温度、有精度的文件特别是公文，使领导满意、群众放心、社会欢迎。

宋代文学家欧阳修《卖油翁》一文，描写卖油翁从钱孔滴油的纯熟技术，分析其技能获得的途径，阐发了实践出真知、熟能生巧的道理。如今起草公文，同样适用这个道理。就是说，要在学习新知识、掌握新技能的同时，勤于实践、刻苦钻研，从而练就专业素养，成为行家里手。

(刊于2022年9月《上海机关动态》)

用勤奋书写不凡

金秋时节，阳光灿烂。中国共产党第二十次全国代表大会于2022年10月16日至22日在北京胜利召开，举国关注，举世瞩目。党的二十大报告全面总结了过去五年的工作和新时代十年的伟大变革，深刻阐述了开辟马克思主义中国化时代化新境界、中国式现代化的中国特色和本质要求等重大问题，系统擘画了以中国式现代化推进中华民族伟大复兴的宏伟蓝图，这是党团结带领全国人民夺取中国特色社会主义新胜利的政治宣言和行动纲领，是闪耀着马克思主义思想光芒的光辉文献。党的二十大和二十届一中全会选举产生了新一届中央领导集体，习近平同志再次当选为总书记，这是党心所向、民心所盼，是完成新时代新征程党的使命任务的根本保证。

回望新时代十年，是凝心聚力、砥砺奋进的十年。面对严峻复杂的国际形势和各种风险挑战，以习近平同志为核心的党中央团结带领全党全国人民采取一系列战略性举措，推进一系列变革性实践，实现一系列突破性进展，取得一系列标志性成果，党和国家事业发展迈上了新台阶，中国特色社会主义焕发出强大生机活力。如今，神州大地，江山壮丽，人民豪迈；浦江两岸，物阜民丰，流光溢彩。所有这一切，都是党和人民一道拼出来、干出来、奋斗出来的。

2022年8月，吴孟超院士生前日记首次被公开，反映了这位国际著名肝胆外科专家、优秀共产党员的先进事迹。吴孟超从医70多年，一生为病人做的手术无数，直到96岁时还上手术台。每台重要手术，他都在日记中记得清清楚楚，每行每页写满赤诚与热爱。在这位耄耋老人眼中，每年都是"关键年"，每年都"任务很重"，但他会给自己打气，说"任重而道远，一定要实现"，"要在去年发展的基础上，今年更加创新，更上一层楼"。特别是在一本日记扉页上，他写道，"做人要知足，做事要知不足，做学问要不知足"，要"自力更生，艰苦奋斗，奋发图强，勇攀高峰"。正如通讯末尾所说："这些，也像是在告诉后人，要永远生机盎然，永远奋斗不息。"吴孟超院士的勤奋、奉献，树立了又一个标杆。

处在机关、单位，致力"三个服务"、当好参谋助手，是我们肩负的责任；提高公文质量、确保政令畅通，是我们应有的担当。使命作动力，勤奋为风帆。我们要弘扬勤奋精神，积极投身全面建设社会主义现代化国家的火热实践；要彰显勤奋精神，把公文处理工作包括拟制、办理工作做扎实、做到位。

一是要刻苦学习。要深入学习、全面把握党的二十大的精神实质和核心要义，深刻领会党的二十大报告提出的重要思想、重要观点、重要论断和重大战略，切实把思想和行动统一到党的二十大精神上来。要坚持以习近平新时代中国特色社会主义思想武装头脑，深刻领悟"两个确立"的决定性意义，更加自觉地增强"四个意识"，坚定"四个自信"，做到"两个维护"，始终在政治立场、政治方向、政治原则、政治道路上同以习近平同志为核心的党中央保持高度一致。要提高政治站位，胸怀"两个大局"，把全面贯彻落实党的二十大精神、深入贯彻落实习近平总书记考察上海重要讲话精神体现到实际工作中，体现到拟制、办理的公文中。同时，要挤出时间，广泛阅读，勤做笔记，多做思考，做到干什么学什么、缺什么补什么，扩大知识面，增加内存量，练就硬本领。

二是要埋头苦干。当前，本市正在紧紧围绕服从服务党的中心任务，认真对标对表党的二十大作出的战略规划部署，按照市委要求，进一步明确统筹推动高质量发展、创造高品质生活、实现高效能治理的具体抓手，加快党的二十大精神在上海落地生根、开花结果，努力为全面建设社会主义现代化国家作出更大贡献，更好地向世界展示中国式现代化的光明前景。公文是开展工作、办理公务的重要工具，随着上海不断扩大改革开放，持续加大稳增长、稳就业、保民生等工作力度，着力保障安全生产和社会稳定，公文拟制和办理的数量以及难度相应增加，有时急件、特急件比较集中，需要合理安排、有序作业，确保按时完成。对此，我们已有一定的经历，也有充分的准备。常常可以见到这样的情景，有的同志为拟就一篇文稿，全力以赴，废寝忘食，那种敬业的态度和苦干的作风令人感动，值得提倡。

三是要不懈进取。整天挥笔击键，起草不停，久而久之，会让人觉得，写来写去就那些套路，跳不出窠臼；有时修改，"七稿八稿，没完没了"，会让人觉得，改来改去就那些内容，谈不上优质。遇到这种情况，我们要保持定力、坚守初心。北宋文学家苏东坡有句诗，"脚力尽时山更好"。其意是，爬山爬到精疲力尽时，才能看到更好的景色。由此想到，人在经过艰苦的努力后，眼界会变得开阔，可以看得更远。写作与此同理，需要不断积累和总结，这样才能不断完善和提高。增强写作能力无止境。一篇文稿，无论是标题确立、结构安排，还是语句组织、文字运用，都有推敲的余地和优化的空间，关键是作者要做有心人，能够认真细致、反复琢磨、精益求精。如，有一文稿写道："给予××研究院必要的一次性开办费和日常经费支持，以满足其基本运行需求。日常经费经财政评审后，由财政统筹安排。日常经费由财政按五年为一个周期测算，分年安排。"这话很啰唆。后来改成："给予××研究院必要的一次性开办费和日常经费支持，以满足其基本运行需求。日常经费经财政评审后，由财政按五年为一个周期测算，分年安排。"又如，有一文稿写道："本政策措施与本市其他同类政策措施有重复的，按照'从优、从高、不重复'的原则予以支持。"这句意思不明确，后来将"予以支持"改成"执行"。又如，有一文稿写道："支持有关机构可通过协议定价、挂牌交易、拍卖等方式，确定科技成果交易价格，自主决定科技成果转化方式。"其中的"可"为多余，后来删去。事实证明，写作只有自我加压、一丝不苟，从不满足、不懈进取，才能获得成功。

"一勤天下无难事。"在新的赶考之路上，我们要用勤奋书写不凡——不凡的"作品"、不凡的人生。

(刊于2022年10月《上海机关动态》)

由《文心雕龙》若干名句得到的启示

　　《文心雕龙》是南朝齐末梁初时期刘勰创作的一部文学理论著作，也是我国现存最早的一部文章学专著，全书共五十篇，三万七千多字。作为一部体大思精之作，它系统地总结了先秦以来文学创作的经验，在文学的诸多方面提出了独到的见解，对后世产生了巨大和深远的影响，鲁迅先生认为它可以和古希腊亚里士多德的《诗学》相媲美。

　　根据作者的说法，《文心雕龙》书名中，"文心"，指的是"为文之用心"，即如何用心做文；"雕龙"，讲的是战国时的名家驺奭善于"雕刻龙纹"的典故。整个书名的意思是，要像驺奭"雕刻龙纹"那样细致入微地论述"为文之用心"。联系实际，不由想到，我们平时起草、审核公文，体现的是对党和人民的无限忠诚之心、对事业的极端负责之心，这就更需要以"雕刻龙纹"精神，细致做好工作，胜任岗位职责，不负领导信任、群众希望和社会期待。这方面，《文心雕龙》中若干名句对我们也有启示。

　　其一："登山则情满于山，观海则意溢于海。"

　　此句意为：登上高山，情思就要充满高山；观看大海，文思就要溢满大海。这里讲的是写作的状态和心态。也就是说，写作时要激情洋溢，精神饱满；要满怀信心，很好完成。我们正处在催人奋进的伟大时代，宏伟的蓝图已经绘就，未来的目标已经明确。"阳春召我以烟景，大块假我以文章。"我们要以奋发进取的态度，积极投身火热的实践，按照领导要求，拟写好公文，发挥好公文的作用，助力改革开放、经济建设、社会发展和民生改善，推进实现伟大梦想。要用心用情、尽心尽力，使每一篇公文都符合领导意图，切合实际需要，具有政治性、规范性、实用性，成为精品佳作。

其二："操千曲而后晓声，观千剑而后识器。"

此句意为：只有演奏了上千首曲子，才能懂得音乐；只有观察了上千把刀剑，才能懂得兵器。对公文写作者来说，只有勤学苦练，才能熟能生巧。这方面，没有捷径可走，没有妙方可用。鲁迅先生讲过："文章应该怎样做，我说不出来，因为自己的作文，是由于多看和练习，此外并无心得或方法的。"现在，各个机关单位都有一些笔杆子，他们写的东西，出手快、水平高，与他们平时刻苦学习、深入思考、善于总结、勤于动笔是分不开的。这也说明，多读多写、多思多改是一条通向擅长写作的成功之路。

其三："启行之辞，逆萌中篇之意；绝笔之言，追媵前句之旨。"

此句意为：文章的开头，就要显露出中心部分的意思；文章的结尾，就要承接中心部分的主旨。也就是说，文章要开门见山，突出主题，首尾呼应。这对拟写好公文十分重要。如2022年9月国务院办公厅出台的《关于加快推进"一件事一次办"打造政务服务升级版的指导意见》，开头部分讲了优化政务服务的意义和近年来各地开展"一件事一次办"的成效以及存在的问题，并点出发文目的。中间部分讲了推进"一件事一次办"的总体要求、重点任务，优化"一件事一次办"服务模式和加强"一件事一次办"支撑能力建设的办法。最后部分讲了保障措施。这篇公文围绕主题而展开，上下衔接，结构紧密，堪称范文。

其四："文以辨洁为能，不以繁缛为巧；事以明核为美，不以深隐为奇。"

此句意为：文章要以说理明晰、表述简洁为尚，不以冗长繁复为巧；所阐述的道理或事实以简明扼要为美，不以深奥隐晦、难以理解为奇。从公文来看，它是开展工作、办理事务、进行公务活动的载体和工具。因此，要写得简洁流畅、通俗易懂，便于读者理解、把握和办理、实施。公文不是论文，不要展开很多道理和论证；公文不是散文，不要过多描绘和修饰；公文不是小说，不要将发文者的主张、观点隐晦地表达。事实证明，凡是长篇大论、啰里啰唆、兜兜转转、语意不清的公文，是不会受欢迎的。

其五："篇之彪炳，章无疵也；章之明靡，句无玷也；句之清英，字不妄也。"

此句意为：文章之所以精彩出众，是因为每个章节都没有瑕疵；章节之所以鲜明华美，是因为每个句子都没有缺陷；句子之所以清雅隽秀，是因为每个字都没有乱用。这值得我们深思和记取。在拟写、审核公文时，一定要防止逻辑结构松散、语句表达不全、文字运用有误等问题的发生。如，有一拟建设某个项目的请示，先交代项目背景情况，接着提出今后打算，再提出具体请示事项，又回顾过去的做法，最后讲述项目的意义和作用，这样的布局就比较混乱。应该是，先交代项目背景情况，接着讲述项目的意义和作用，再提出具体请示事项，最后是结尾语"以上请示，请予批复"。又如，有一句子："要进一步充实课外读物审核专家库，探索建立入库专家建立审核专家档案，根据工作需要，遴选最适合的专家。"这句实在让人看不懂。后来改成："要进一步充实课外读物审核专家库，探索建立入库审核专家档案，以利根据需要，遴选最适合的审核专家。"再如，有一句子："对群众的有关反应，要切实加以重视。要克苦努力，扩大货源。"这句中有错别字，"反应"应是"反映"，"克苦"应是"刻苦"。

其六："句有可削，足见其疏；字不得减，乃知其密。"

此句意为：句子有可删除处，足以看出其表达粗疏；文字不能再减，方能知道其表达严密。这是在提醒作者，文章不要怕修改，要通过修改，使句子简明扼要，使文字没有多余。这也应是我们起草、审核公文的一个着力点。一篇公文拟就，不能急于"交卷"，只要时间允许，就要再作推敲，以及时找出问题，纠正差错。凡是写作能手，一般都有这种意识和做法。这就是精益求精的态度、严谨细致的作风，需要传承下去。如有位同志起草一加强值班工作的通知，几经修改。最后一次修改时，发觉在"要强化值班业务学习和交流，利用交接班、工作例会、研讨会等多种不同方式，经常性开展日常培训"这句中，"多种不同方式"的"不同"为多余，"经常性开展日常培训"的"经常性"属重复，遂都予以删去。

其七："权衡损益，斟酌浓淡，芟繁剪秽，弛于负担。"

此句意为：文章写好后，要反复琢磨，权衡整篇得失，斟酌表达浓淡，删去繁杂内容，减除过重负担，务必使文章主题明确、重点突出，详略得当、篇幅适中。这讲得也很有道理。公文拟制，要经过起草、审核、签发等七道环节。无论是起草环节，还是审核环节，乃至签发环节，都有必要再作权衡、斟酌，看看是否符合写作要求，是否符合规定标准，是否存在瑕疵漏洞。一旦发现不足，就要弥补完善，决不能环节松懈、关口失守，以致产生不良后果。虽然古人讲过"百密恐有一疏""千虑或有一失"，但这不应作为工作不力、把关不严的理由。我们要以实际行动确保公文质量，提高办事效率，让领导放心，让读者和社会满意。

（刊于2022年11月《上海机关动态》）

后 记

　　王永鉴老师是上海乃至全国公文写作领域的著名专家。1988年5月，上海市人民政府办公厅设置了公文审核岗位，对所有制发文件在报送领导审签前进行审核把关。从那时起，王永鉴老师在这一岗位上辛勤耕耘了三十五年，直到2022年12月不幸病逝。

　　三十五年来，王永鉴老师以严谨认真的工匠精神，审核每一篇文件文稿。日复一日地精雕细琢，他在公文写作领域达到了常人难以企及的水平。近年来，王永鉴老师将他的宝贵经验，不断整理总结、反馈社会。2014年，出版了《公文写作点津》，并于2021年修订再版，以系统论述的方式，全面阐释了公文写作的体系和方法；2016年和2019年，分别出版了《公文写作漫谈》和《公文写作续谈》，集结了自2013年7月起每月在《上海机关动态》杂志上发表的公文写作方面的文章，以单篇集锦的形式，逐一叙述了公文写作的关键和要点。现在，在上海咬文嚼字文化传播有限公司王敏总经理的大力支持下，瞿熙同志提议汇编2019年5月至2022年11月王永鉴老师去世前陆续发表于《上海机关动态》的文章35篇，经王永鉴老师的家人同意后，对文稿做了整理、校核，并题名为《公文写作倾谈》。

以"点津"为枝，以"漫谈""续谈""倾谈"为蔓，合为全璧，为王永鉴老师公文写作系列著作画上圆满句号。

受业 徐雁宇

2024年元旦于上海